Al encontrarte en transición

Utilizando los cambios de la vida para el despertar espiritual

Robert Brumet

unity®
HOUSE

Unity Village, Missouri 64065 E.U.A.

Para recibir un catálogo de todas las publicaciones de Unity en español o hacer un pedido, escriban a nuestro Departamento de Traducciones, Unity School of Christianity.

www.unityenlinea.org

Primera edición en español Febrero del 2007
Diseño de la portada: Mark F. Szymanski

Para todas las citas bíblicas se utilizó la
Reina-Valera 1995, edición de estudio.

LIBRARY OF CONGRESS CATALOGING-IN-PUBLICATION DATA

Brumet, Robert
    [Finding Yourself in Transition. Spanish]
    Al encontarte en transicion: utilizando los cambios de la vida para
    el despertar espiritual/ por Robert Brumet.
    p. cm.
ISBN 978-0-87159-245-3
    1. Change--Religious aspects--Unity School of Christianity. 2. Life change
events--Religious aspects--Unity School of Christianity.
3. Unity School of Christianity--Doctrines. I. Title.

BX98890.U505 B7818 2000
248.4'8997--dc21   99-19911
Canadá BN 13252 9033 RT   CIP

Este libro fue publicado gracias a los contribuyentes
del Fondo Lowell Fillmore.

Dedicatoria

Este libro está dedicado a mis hijos y a los hijos de mis hijos: Brenda, Steve, Eric, Andrea, Steven, Eric, Stephanie y Alisha.

Reconocimientos

Debo mucho a William Bridges, autor del libro *Transitions*. Estoy en deuda también con muchos otros autores y maestros que han guiado e influenciado mi viaje hasta ahora. Una lista parcial de ellos incluye a: Shinzen Young, Sandra y Garth Matthews, Carl Jung, Stephen Levine, Joseph Campbell, Pierre Theilhard de Chardin, Robert Bly, Kahlil Gibran, G.I. Gurdjieff, Werner Erhard, Ram Dass, Matthew Fox, Bárbara Max Hubbard y mis maestros de espiritualidad indígena americana.

También estoy en deuda con los muchos amigos y familiares que me han brindado apoyo y aliento a lo largo de este proyecto. Los amo a todos y cada uno.

Índice

Introducción

Tal vez estemos de acuerdo en que la piedra angular de la vida es el cambio. Lo vemos presente en todas partes de la naturaleza: el renacuajo se convierte en sapo, la larva de la mariposa se convierte en una exquisita criatura. El cambio es evidente especialmente en los árboles. Cuando el aire es frío las hojas cambian de color y se desprenden, dejando el árbol oscuro y desnudo. Y entonces, a medida que el invierno comienza a cederle paso a la primavera, una vez más el árbol revive, primero con retoños verdes y luego con un rico mosaico de follaje. Todo el universo está entrelazado en un armonioso vaivén.

Y así como existe un armonioso flujo y reflujo en la naturaleza, también existe un ritmo divino en nuestras vidas. Nuestros días están marcados por finales y nuevos comienzos. Cada uno de nosotros es una parte integral de la danza cósmica del universo.

Aunque comprendamos intelectualmente que existen transiciones naturales en el universo, cuando el cambio ocune rápidamente en nuestras vidas, podemos cuestionar el significado y propósito de lo que estamos experimentando.

Por esto es que estoy tan emocionada acerca del libro de Robert Brumet *Al encontrarte en transición*. El reverendo Brumet, con su serena sabiduría y claridad de pensamiento, nos muestra maneras para proseguir valiente y victoriosamente a través de las necesarias pero a veces inciertas transiciones que son parte de nuestro crecimiento y desarrollo.

Robert es un viejo amigo y colega; conozco muchas de las transiciones que han dado impulso a este libro. Aunque él escribe de su propia experiencia, también utiliza las experiencias y enseñanzas de otros. Ciertamente en un mundo que cambia tan rápidamente y con tanta gente en transición, este libro bien puede convertirse en un manual para aquellos que están pasando por crisis en sus vidas.

Cuando mis abuelos, Charles y Myrtle Fillmore, comenzaron Unity, deseaban establecer una escuela de lo que ellos llamaron "cristianismo práctico". En su búsqueda de la Verdad exploraron muchas filosofías y religiones para desarrollar lo que ha llegado a ser la manera Unity de vida.

Robert Brumet sigue la misma espiritualidad práctica. Utilizando muchas fuentes, el Reverendo Brumet entreteje con maestría hebras de sicología, misticismo del Oriente y Occidente, interpretación bíblica e historia personal, para ofrecernos una nueva herramienta de espiritualidad práctica.

Al encontrarte en transición nos ayuda a descubrir un significado más profundo de los acontecimientos que suceden en nuestras vidas y en el mundo, acontecimientos que nos inquietan y perturban. Este libro también nos recuerda que nunca estamos solos, que la amorosa Inteligencia que nos creó y creó toda manifestación de vida, está siempre presente, guiando y dirigiendo nuestros caminos.

Una de mis citas favoritas de la Biblia proviene del tercer capítulo de Eclesiastés: "Todo tiene su tiempo, y todo lo que se quiere debajo del cielo tiene su hora". Ese verso habla del fluir natural de las estaciones en nuestras propias vidas. Experimentamos estaciones de actividad y crecimiento, y estaciones de descanso y renovación. La vida es crecimiento, desarrollo y cambio, lo cual nos da incentivo para explorar nuevas dimensiones del vivir.

Espero, queridos lectores, que encuentren este libro tan útil como lo he encontrado yo. Dios los bendice en su viaje.

Rosemary Fillmore Rhea
Prairie Village, Kansas

Prefacio

Hace varios años soñé que estaba viviendo en una casa en particular. Era la casa de mi niñez, en la cual viví 16 años. En este sueño mi esposa, mis cuatro hijos y yo estábamos dentro de la casa, disfrutando un rato juntos. De repente, la casa comenzó a temblar. Las paredes comenzaron a ceder; el techo comenzó a caerse. Lleno de pánico, grité: "¡Todos, salgan rápido!" Salí corriendo por la puerta del frente tan rápido como pude. La tierra bajo mis pies se estaba sacudiendo violentamente. Volteé para mirar detrás de mí y, al hacerlo, vi la casa desplomarse y convertirse en un montón de escombros. Todos los que estaban dentro habían muerto; todo lo que había en ella estaba destruido. Esto me sacudió en lo más profundo de mi ser.

Y entonces miré hacia el cielo y vi millones de estrellas de cristal mirando hacia abajo. De repente, me sentí en unidad con todo lo que mis ojos veían. En ese instante experimenté, simultáneamente, dolor sin fin y gozo infinito. En ese momento supe que no eran sino caras opuestas de la misma moneda. Sentí la muerte de mi vida anterior y el nacimiento de una nueva. Éste fue el comienzo de mi transición.

Tres años después, mis 25 años de matrimonio llegaron a su fin. Mi trabajo como ministro de una iglesia de Unity terminó. Mi vida era un caos. Estaba casi en bancarrota. Mi sentido de identidad había sido demolido. El dolor y la confusión eran abrumadores. Profundamente conmocionado, miraba los escombros de lo que una vez había sido mi vida. A los cuarenta y cinco años sentí como si mi vida hubiera terminado.

Y así era. La nueva vida que ha surgido no es la misma que la anterior. De las cenizas de la vida anterior, ha tenido lugar un nuevo renacer. En verdad, Dios estaba a cargo —

aun cuando en medio de la oscuridad no podía verlo. No tenía mapas, pautas o antecedentes en los cuales basarme para comprender mi experiencia.

Desde entonces he encontrado a muchas otras personas luchando con el dolor y la incertidumbre de una transición. Vi que ellos, como yo, no estaban preparados, en absoluto, para el impacto que los cambios pueden tener en sus vidas. Me di cuenta de que nuestra cultura —a pesar de los enormes cambios que han ocurrido desde la mitad de los años sesenta— nos ofrece poco en cuanto a la manera de ayudarnos a hacer frente a los cambios. El mundo de mi juventud era un mundo donde simplemente no se admitía el cambio. Y si el cambio era tan grande que *debía* tomarse en cuenta, se trataba como una tragedia de la cual nos debíamos recuperar tan pronto como fuera posible para que nuestras vidas pudieran volver a ser "normales". Tal era el único modelo que conocía para tratar con los cambios.

Aunque el mundo de hoy tiene poca semejanza con el de mi juventud, veo y oigo a individuos respondiendo a los cambios más o menos de la misma manera que me enseñaron: ¡Ignora el pasado y "sigue con tu vida"! ¡El problema con este enfoque es que no funciona! Sin embargo, parece que seguimos tratando, quizás porque no conocemos ningún otro modo. ¡Tal vez es hora de encontrar otra manera!

Este libro tiene dos objetivos. Uno es ofrecer un modelo alterno para recorrer nuestro camino a través de las transiciones de la vida —proveer una especie de "mapa" para el viaje. Un segundo objetivo, y quizás más importante, es ayudar al lector a descubrir que una transición grande en la vida es una oportunidad para la transformación —una transformación a una vida completamente nueva. Una transición es una oportunidad de renacer espiritualmente si vemos claramente y respondemos sabiamente. Espero que este libro sirva de ayuda para ese fin.

Este libro está dividido en tres partes principales. La primera se refiere a la naturaleza general del cambio y la dinámica del proceso de transición. La segunda parte comprende una versión de los componentes individuales del proceso de transición, y para cada uno de ellos, establece una comparación paralela con el relato bíblico del Éxodo: el viaje de los israelitas de su esclavitud en Egipto a la Tierra Prometida de Canaán. La tercera parte presenta la transición desde una perspectiva filosófica más amplia y responde preguntas tales como: ¿De qué se trata? ¿A dónde nos lleva? ¿Acaso no termina nunca?

Nota a los facilitadores

Este libro puede ser usado como texto para impartir un curso acerca de las transiciones en la vida. Los resúmenes de los capítulos están diseñados para ayudar al facilitador a presentar una clase o taller basado en este material. Si el tiempo es limitado, los capítulos 5, 7, 9 o 10 pueden resumirse o eliminarse sin perjudicar la tesis básica del libro. A los estudiantes, sin embargo, se les debe recomendar que lean estos capítulos, ya que enriquecen grandemente el material básico.

Prólogo

¡Allons! ¡Quienquiera que seas ven y viaja conmigo!
Viajando conmigo encuentras lo que nunca cansa.

La tierra nunca cansa,
la tierra es ruda, silente, incomprensible al principio,
    la naturaleza es ruda e incomprensible al principio,
no te desalientes, sigue adelante, hay cosas divinas
    bien guardadas,
te juro que hay cosas divinas más hermosas
    de lo que las palabras pueden expresar.

¡Allons! No debemos detenernos aquí,
no importa cuán dulces estas atesoradas provisiones, cuán
    conveniente esta morada, no podemos permanecer
    aquí,
no importa cuán protegido este puerto y cuán quietas
    estas aguas no debemos anclar aquí,
no importa cuán bienvenidos, la hospitalidad que nos
    rodea no se nos permite recibirla sino sólo por un rato. ...

¡Escucha! Voy a ser honesto contigo,
yo no ofrezco los premios viejos y agradables, sino que
    ofrezco
premios nuevos y ásperos,
éstos son los días que debes enfrentar:
no amontonarás lo que se llama riquezas,
esparcirás con generosa mano todo lo que ganes
    o logres,

no habrás terminado de llegar a la ciudad a la cual fuiste
   destinado, apenas te habrás establecido satisfactoria-
   mente en ella antes de ser atraído por un irresistible
   llamado a partir.
Tú serás blanco de las sonrisas irónicas y
   las burlas de aquellos que quedaron atrás,
cualquier seña de amor que recibas sólo la
   deberás responder con besos apasionados de despedida,
no permitirás el dominio de aquellos que extienden
   sus manos abiertas hacia ti. ...

¡*Allons*! a aquello que no tiene fin ni tuvo principio,
sobrellevar mucho, caminatas de días, descansos de noches,
fusionar todo en el viaje según sus tendencias, al igual que
   los días y las noches,
de nuevo fusionarlas en el comienzo de mayores viajes,
no ver nada en ningún sitio sino lo que puedes alcanzar
   y dejar pasar,
no concebir tiempo, no importa cuán distante, sino el
   que puedes alcanzar y dejar pasar,
no mirar ni hacia arriba ni hacia abajo en ningún camino
   sino que éste se alarga y te espera, no importa cuán largo,
   sino que se alarga y te espera,
no ver a nadie, ni de Dios ni de nadie, sino que tú también
   vas hacia allá;
no ver posesiones sino lo que puedes poseer, disfrutando
   todo sin afán o adquisición, haciendo una abstracción
   del banquete, al mismo tiempo sin abstraer ni una
   partícula de él,
tomar lo mejor de la granja del granjero y de la
   elegante mansión del hombre rico, y las castas bendi-
   ciones de la pareja unida en matrimonio, y los frutos
   de los huertos y las flores de los jardines,

tomar para tu uso, de las ciudades a tu paso
    por ellas,
luego llevar contigo edificios y calles,
    dondequiera que vayas,
congregar las mentes de los hombres, sacándolas de sus
    cerebros a medida que te encuentras con ellos, congre-
    gar el amor, sacándolo de sus corazones,
llevar a tus amantes en el camino contigo, por todo
    lo que les dejas atrás,
conocer al universo en sí como un camino, como muchos
    caminos, como caminos para almas viajeras.

                          — Walt Whitman[1]

Primera parte

Capítulo 1

La paradoja del cambio

"El momento del cambio es el único poema."
—Adrienne Rich[1]

Se sentaron en círculo. Cada persona compartió sus sentimientos: "Me siento como si el fundamento de mi vida hubiera desaparecido." "Yo ya no sé quién soy." "Mi vida está cambiando tan rápidamente que la cabeza me da vueltas." "Me siento tan solo... tan alienado." Esto continuó con cada persona manifestando sentimientos similares. Cada persona estaba en transición.

Este grupo en particular se había formado para ayudar a individuos atrapados en las angustias del cambio. Hay cientos, quizás miles de grupos similares en todo el país y alrededor del mundo. Cada grupo está encaminado a ayudar a los individuos a hacerle frente al impacto personal del cambio.

En esta era actual de incertidumbre, quizás lo único cierto es que la vida cambiará. El cambio es una parte inevitable de nuestra experiencia humana. Ésta ha sido la realidad para los humanos en todas las eras, y es especialmente cierta para nosotros, que vivimos al final del siglo veinte. La mayoría de los que vivimos hoy estamos presenciando y experimentando más cambios, en unos pocos años, que los que nuestros antepasados posiblemente hubieran experimentado en el curso de toda una vida. Estos cambios continúan ocurriendo en un porcentaje creciente. Ciertamente parece que el tiempo mismo, de alguna manera, va más rápido.

Están ocurriendo cambios rápidos no sólo en el mundo que nos rodea, sino también en nuestro mundo interior. Estos cambios no son sólo en tecnología o estilo de vida; son cambios radicales en la manera en que nos percibimos a nosotros mismos y a nuestro universo. Dichos cambios no son sólo acerca de cómo vivimos, sino acerca de quienés somos como seres humanos. Nuestras suposiciones acerca de quiénes somos y cómo estamos relacionados con el mundo a nuestro alrededor están siendo amenazadas, si no destruidas.

En estos días se oyen referencias acerca de un "cambio de paradigma" que está ocurriendo en nuestra cultura. La palabra *paradigma* se deriva de la palabra griega *paradeigma*, que significa "patrón". Un patrón es un modelo o guía que se usa para hacer algo. Un paradigma es el conjunto subyacente, y en gran parte inconsciente, de suposiciones que usamos para interpretar el significado de una observación o experiencia particular. Tenemos paradigmas que gobiernan cómo vemos e interpretamos el universo a nuestro alrededor. Tenemos paradigmas que gobiernan cómo nos vemos a nosotros mismos y a nuestra relación con el universo. Cuando se descubrió que la tierra era redonda y no plana, todo el mundo tuvo que formular de nuevo su comprensión de casi todo. Cuando un paradigma cambia, no sólo vemos y comprendemos nueva información, sino que el modo mismo en que vemos y comprendemos se altera. Tal es la magnitud del cambio que está ocurriendo.

A pesar de lo pasmoso y de la profundidad y rapidez del cambio en años recientes, muy pocos de nosotros en esta cultura hemos aprendido a tratar el cambio de una manera saludable. A menudo tememos, y nos resistimos al cambio. Nuestra resistencia a menudo es sutil y subconsciente. Pareciera que a pesar de nuestras intenciones conscientes, hay una parte de nosotros que obstinadamente se aferra a lo viejo y conocido. Algunos de nosotros hemos elegido conscientemente el embarcarnos en un viaje de crecimiento y transformación personal, aparentemente buscando y aceptando el cambio. Podemos haber afirmado: *Yo estoy dispuesto a cambiar*, y sin embargo, irónicamente, hay algo dentro de nosotros que inconscientemente se resiste a estos cambios que deseamos conscientemente. Podemos sorprendernos resistiendo al cambio ¡como si nuestras vidas estuvieran en juego! Por alguna razón, parece que el temor mayor de todos los temores humanos es el temor a lo desconocido, y el cambio, especialmente profundo o repentino, casi siempre nos enfrenta con lo desconocido.

Quizás la necesidad humana más profunda es la necesidad de encontrar significado en nuestras experiencias. El doctor Viktor Frankl mantiene que el impulso fundamental del ser humano es la búsqueda de significado. Por ejemplo, el niño cuyos padres se están divorciando, la mujer que recibe la noticia de que tiene cáncer, el inversionista que se entera de que el mercado de valores acaba de desplomarse; todos ellos se preguntarán lo que esto significa. Ellos no solamente buscarán un significado, sino que este deseo es tan grande que automática e inconscientemente le atribuirán cierto sentido a lo sucedido. No es tanto el acontecimiento como el significado que le demos.

Los asesores y ministros que trabajan con personas que pasan por pérdidas o tragedias en sus vidas a menudo escucharán preguntas tales como: ¿Por qué sucedió esto? ¿Cuál es el significado de esto? En estos tiempos de desafío, el significado es crucial. Parece que cuando hay un significado, podemos soportar casi cualquier cosa. El filósofo Nietzsche ha dicho: "El que tiene un *por qué* para vivir, puede soportar casi cualquier *cómo*". (4) Sin significado, pareciera que tal experiencia es insoportable.

El cambio, especialmente un cambio profundo o repentino e inesperado, pone en peligro y quizás hasta destruye el significado y la comprensión que hemos creado para que "nuestra vida tenga sentido". Hemos creado nuestros significados como "un mapa para las carreteras de la realidad" para que nos guíe a través del viaje de la vida. Ellos son parte del paradigma que da forma a nuestras percepciones y a nuestra comprensión. El cambio a menudo nos conduce a un nuevo territorio donde los viejos mapas ya no son suficientes.

El teólogo Paul Tillich hace referencia a una crisis ontológica que es una condición que aparece cuando algo que ha servido como "soporte del ser" ha sido amenazado, disminuido o arrebatado de nuestra vida. Este soporte del ser puede haber sido un rol social, una relación, una identidad interna, o un sistema de creencias. El suceso que lo provocó pudo haber sido la muerte de uno de nuestros padres, o de un niño, un divorcio, una enfermedad grave, un desastre financiero, o cualquiera de varios acontecimientos inesperados. Para muchos, tal experiencia provoca un sentimiento casi peor que la muerte misma.

Ciertamente, cada cambio es un tipo de muerte, la muerte de un viejo modo de vida o de ser. No obstante, irónicamente, el cambio —el morir de lo antiguo— es una de las características que definen el crecimiento. Vivir es crecer; crecer es cambiar; cambiar es morir con respecto a lo antiguo. Jesús de Nazaret dijo a sus discípulos: "De cierto, de cierto os digo que si el grano de trigo que cae en la tierra no muere, queda solo, pero si muere, lleva mucho fruto" (Juan 12:24). El apóstol Pablo, que no era ajeno al cambio inesperado, escribe a la iglesia de Corinto: "¡Cada día muero!" (1 C.15:31) Muchos de nosotros hoy en día vivimos en un patrón acelerado de crecimiento y cambio, y estamos, como Pablo, "muriendo a diario".

Sin embargo, tememos la muerte, y este mismo temor a ella, el temor al cambio, es también nuestro temor a la vida misma. Para estar vivos plenamente debemos estar dispuestos a cambiar, a entregarnos al momento sin resistencia; debemos estar dispuestos a "morir diariamente", inclusive momento a momento. Resistirnos a estas "muertes" es resistirnos a la vida. Vivir plenamente es darnos cuenta de que la muerte — cualquier tipo de muerte — no es sino el presagio de una nueva vida. De aquí que estamos listos para dar el próximo paso en nuestro estudio de transición: nuestro estudio del cambio, de la muerte, y del renacer a una nueva vida.

Resumen del capítulo

1. *El cambio es inevitable. Siempre lo ha sido, especialmente hoy.*

2. *Están ocurriendo cambios profundos y radicales alrededor de y en nuestro interior. Algunas de nuestras suposiciones básicas acerca de la vida están siendo amenazadas.*

3. *Pocos de nosotros hemos aprendido a experimentar el cambio de manera saludable. A menudo nos resistimos al cambio porque nos enfrenta con nuestro temor a lo desconocido.*

4. *Una de las necesidades humanas más fuertes es la necesidad de significado. Utilizamos el significado como un "mapa de carreteras" de la realidad.*

5. *El cambio a menudo destruye nuestro sentido de significado y nos lleva a un nuevo territorio donde los antiguos mapas ya no sirven.*

6. *Todo cambio es un tipo de muerte. Sin embargo, el cambio es una característica de crecimiento, y el crecimiento es una característica de la vida.*

7. *Nuestro temor a la muerte, al cambio, es temor a la vida misma. Resistirse a la muerte es resistirse a la vida, porque cada día es el presagio de una nueva vida.*

Capítulo 2

El proceso de transición

L a transición es un proceso. En nuestra cultura, altamente mecanizada y de "arreglos rápidos", generalmente no comprendemos o apreciamos la naturaleza del proceso. Aquellos en culturas más en unidad con la naturaleza comprendieron y vivieron la vida como un proceso. Los procesos de la naturaleza, tales como el cambio de estaciones, el crecer de las cosechas, las migraciones de los animales, gobernaban la vida de la gente más primitiva. Ellos conocían íntimamente el proceso de la naturaleza y la naturaleza del proceso. Su propia supervivencia dependía de su habilidad para armonizar sus vidas con el fluir natural. Sus vidas espirituales, que no estaban separadas de sus vidas diarias, reflejaban su profundo aprecio por la sabiduría y la belleza de los procesos naturales. Nosotros, en nuestra cultura occidental, estamos menos en unidad con el proceso de la naturaleza que con el reloj y el calendario. Estamos acostumbrados a planear y organizar nuestras vidas según nuestros propios diseños y los diseños de otros, en lugar de hacerlo con los procesos de la naturaleza. Los relojes para marcar las tarjetas de entrada y salida al trabajo, los horarios y las fechas límites gobiernan la manera de cómo vivimos nuestras vidas. Relativamente pocos de nosotros comemos cuando tenemos hambre, dormimos cuando estamos cansados y nos despertamos cuando hemos descansado. El reloj, más que el cuerpo, dicta generalmente la pauta para estas actividades. Los procesos naturales de nuestro cuerpo, de nuestra vida y de nuestro medio ambiente a menudo son ignorados o pasados por alto en favor de un horario o conveniencia.

Nuestro mundo mecanizado y nuestro consecuente estilo

7

mecánico de vida también influencian la manera cómo estructuramos nuestra imagen personal y hasta nuestro sentido de la realidad. A menudo hablamos acerca de "ser útiles" y "productivos", lo cual no es necesariamente malo, pero a menudo igualamos nuestro valor como persona con utilidad o productividad. Esta actitud puede llevarnos a vernos a nosotros mismo y a otros como máquinas para ser usadas, más que como seres humanos para ser amados y respetados. Involuntariamente podemos vernos como una parte de una maquinaria económica que de algún modo ha llegado a ser nuestro amo en vez de nuestro sirviente. Un sistema que ha sido diseñado para enriquecer nuestra vida exterior, puede estar contribuyendo al empobrecimiento de nuestra vida interior.

En un tiempo, el propósito de la educación era principalmente el crecimiento personal del individuo. La palabra educación se deriva de la palabra del latín educare, que significa "extraer". La educación estaba encaminada a extraer la sabiduría innata y única de cada individuo. Hoy tendemos a ver la educación, principalmente, para el propósito de desarrollar destrezas que tengan valor comercial y productividad económica, en vez de verla para el autodesarrollo y mejora de nuestra calidad de vida. El "extraer" de la sabiduría interior, ha sido abandonado en favor de un proceso de "alimentar" con información y destrezas que parecen ser necesarias para sobrevivir en nuestro sistema económico. Las necesidades del individuo, de varias maneras, han sido usurpadas por las necesidades del sistema. Nuestro modo de vida ha llegado a estar basado, grandemente, en lo que podría llamarse un "paradigma mecanicista".

Hace algún tiempo, compré un automóvil nuevo. Fue un proceso relativamente sencillo: vi el automóvil que quería, negocié el trato, entregué mi automóvil viejo, firmé los papeles, me monté en el auto y me fuí. Camino a casa, pensé: ¡desearía que todos los cambios de mi vida fueran así de simples y directos! Pero rara vez lo son, y sin embargo, ¿cuántos de nosotros, yo mismo inclusive, hemos tratado de hacerle frente a los cambios en nuestra vida más o menos del mismo modo mecánico? ¿Cuántos de nosotros estamos viviendo en dolor y confusión porque tratamos de ver todas las transiciones en nuestras vidas dentro de este paradigma mecanicista?

Hacerle frente al cambio de esta manera mecánica trae como resultado dolor y confusión porque nuestra inherente naturaleza humana está intrínsecamente relacionada con los procesos naturales. Nuestro cuerpo físico funciona como un proceso (o más específicamente como un conjunto de procesos). Nuestro desarrollo físico, sicológico y espiritual también ocurre como un proceso. Un proceso es un cambio o serie de cambios que ocurren en un período de tiempo. Un proceso generalmente tiene ciertos elementos predeterminados o fases, que por lo general, ocurren en una secuencia u orden específico. Cada fase o elemento debe ocurrir en el momento y el orden correctos.

Trabajar de forma efectiva con cualquier proceso requiere que estemos dispuestos a confiar en la sabiduría divina y en el orden divino inherente al proceso. Tratar de forzar nuestra voluntad personal en un proceso, normalmente es contraproducente y puede ser muy perjudicial. Por ejemplo, tratar de forzar una flor a que florezca antes de tiempo puede matarla. Tratar de hacer que un niño camine o hable prematuramente puede tener un efecto dañino en la psique del niño. Cada vez que alteramos un proceso natural hacemos daño y, a menudo, causamos sufrimiento.

El paradigma mecanicista generalmente no respeta el orden divino inherente al proceso natural. Al operar mecánicamente, favorecemos la funcionalidad, conveniencia y lo predecible en vez de confiar en la sabiduría del proceso. Nuestro estilo de vida mecanicista y orientado al consumo ve la mayoría de las cosas (y a veces a las personas) como disponibles para nuestro uso. Esta actitud ha sido dañina no sólo para nuestro medio ambiente, sino para nosotros mismos, en alma y cuerpo. Quizás la crisis ecológica actual nos está forzando a cambiar esta actitud hacia el medio ambiente y hacia nosotros mismos también.

Ciertamente, de un modo lento, pero creciente, adquirimos más consciencia de que no podemos continuar en este camino mecanicista e inconsciente hacia nuestro mundo y hacia nosotros mismos. Estamos tratando, quizás con vacilación, de cambiar la manera en la cual nos relacionamos con nuestro medio ambiente natural. Estamos comenzando a ver nuestro medio ambiente como una extensión de nosotros mismos, más que como sólo otro recurso para el consumo. De forma similar, se está produciendo un cambio en nuestra actitud hacia nosotros mismos. La curación holística, la sicología humanística y espiritualidad creativa son ejemplos de este cambio. Lentamente, nos movemos hacia una visión de la humanidad que está intrínsecamente relacionada con la naturaleza y el cosmos —una visión que nos respeta a nosotros y respeta a nuestro medio ambiente, al tener un valor inherente que es absoluto e incondicional.

Como reflejo de esta visión, hay una tendencia a manejar nuestras dos transiciones más grandes, el nacimiento y la muerte, de manera más consciente. Hay una sensibilidad creciente hacia las necesidades de los individuos que están experimentando estas transiciones —no sólo hacia sus necesidades físicas, sino las sicológicas y espirituales también. Una experiencia positiva al nacer y un vínculo subconsciente positivo con la madre son muy importantes para el bienestar del recién nacido. El alumbramiento en casa y el centrado en la familia están reemplazando gradualmente al anterior proceso de alumbramiento institucionalizado. Del mismo modo, la obra de la doctora Elizabeth Kubler-Ross, el movimiento en favor de los hospicios, y muchos proyectos de "muerte consciente", incluyendo el trabajo de Stephen Levine, han ayudado a respetar y a ayudar a mucha gente en la transición del morir.

Quizás es hora de traer esta misma conciencia y sensibilidad a otras transiciones de la vida, tales como adolescencia, matrimonio, cambios de vida adulta, hijos que dejan el hogar, divorcio, cambios de profesión, jubilación, vejez y muchas otras transiciones comunes de la vida. Como veremos más adelante, esta necesidad ha sido reconocida y tratada en algunas culturas. Quizás nuestra falta de atención consciente a las necesidades de los individuos que están experimentando estas transiciones es una de las causas del malestar sicológico y espiritual que se manifiesta en nuestra cultura hoy en día.

En verdad, la transición es un proceso. Si la tratamos de manera mecánica, puede que no aprendamos de sus enseñanzas y no adquiramos la fortaleza y sabiduría que la experiencia nos da, y puede que, involuntariamente, nos perjudiquemos a nosotros mismos y perjudiquemos a otros. Comprender la naturaleza del proceso de transición y confiar en el orden divino y la sabiduría inherente en él, nos da la oportunidad de utilizar la transición como una oportunidad de crecimiento y aprendizaje acelerados. Esto lo exploraremos en detalle en el próximo capítulo.

Resumen del capítulo

1. *La transición es un proceso. Las culturas más primitivas estaban más en unidad con el proceso natural. Nosotros, en nuestra cultura, estamos menos en unidad con el proceso de la naturaleza y más con el reloj y el calendario.*

2. *Nuestro mundo mecanizado influencia la manera de vernos a nosotros mismos. Podemos creer que nuestro valor depende de nuestra "utilidad". Nuestro sistema económico se ha convertido en nuesto amo, en vez de ser nuestro sirviente. Esto se refleja en nuestro sistema educativo.*

3. *Vivimos con un "paradigma mecanicista". Causamos sufrimiento cuando tratamos de hacerles frente a las transiciones de manera mecánica.*

4. *Un proceso es cambio que ocurre en un período de tiempo. El proceso tiene ciertos elementos que deben ocurrir en el orden correcto y en el momento correcto.*

5. *Para trabajar con el proceso debemos confiar en el orden divino en él. Forzar nuestra voluntad sobre un proceso natural a menudo es dañino.*

6. *El paradigma mecanicista no respeta el proceso; nuestro deseo de rapidez y de poder predecir, a menudo vence al proceso natural y causa sufrimiento.*

7. *Hay una conciencia creciente de que no podemos continuar en este camino mecánico. Nuestra actitud hacia el medio ambiente está cambiando. Estamos comenzando a ser más sensibles y conscientes en la manera cómo respondemos ante el proceso del nacimiento y la muerte. Quizás esta actitud necesita extenderse a otras transiciones.*

8. *La transición es un proceso; comprender su naturaleza y confiar en la sabiduría inherente a ella nos permite utilizarla como una oportunidad para un crecimiento y aprendizaje.*

Capítulo 3

Ritos de iniciación

Uno de mis entretenimientos es pasear en canoa. Cuando lo hago, a veces encuentro el fenómeno llamado "agua espumosa". El agua es blanca porque corre muy rápidamente, por lo general sobre rocas sumergidas. El agua espumosa, para la mayoría de los que practicamos el pasear en canoa trae, a la vez, "buenas noticias" y "malas noticias". La mala noticia es que es fácil volcar la canoa cuando se está en agua espumosa. Y, si uno cae en agua espumosa es factible que uno se hiera o hasta se ahogue. También hay la posibilidad de que se dañe la canoa y se pierda el contenido. (Quizás lo peor de todo es la vergüenza y el bochorno de que otros te vean.) Así que el lugar menos deseable para volcar la canoa es en agua espumosa, sin embargo, ésta es exactamente la ocasión cuando es mas factible que suceda.

Y ahora las buenas noticias: ¡el agua espumosa puede ser muy divertida! Puede ser emocionante y retadora, y se puede avanzar rápidamente en ella. Es interesante notar que la parte más peligrosa del viaje puede también ser la más provechosa.

Las oportunidades en que experimentamos una transición son como estar en "agua espumosa". Pueden parecer difíciles y peligrosas, pero pueden parecer emocionantes cuando las cosas se mueven velozmente. Pueden ser ocasiones en que hacemos progresos muy rápidos en nuestro crecimiento espiritual.

Una transición a menudo es tiempo de crisis. Generalmente, no nos gusta experimentar una crisis. Puede que ni siquiera nos guste el sonido de dicha palabra; sin embargo, en chino, se nos presenta una perspectiva interesante con la palabra *crisis*. En chino esta palabra está formada por una combinación de otras dos palabras: una significa "peligro", y la otra "oportunidad". Una traducción bastante poética que he oído hace referencia a la crisis como "una oportunidad cabalgando un peligroso viento". Si fuéramos a utilizar la metáfora de navegar en un bote de vela en vez de pasear en canoa, veríamos este mismo principio en acción.

La transición puede ser una etapa incómoda, sin embargo, siempre es significativa. Es una etapa en la cual el orden anterior de nuestra vida se hace pedazos. Inclusive puede ser una etapa en la cual nuestro sentido de realidad se ve amenazado. Aunque dolorosas, éstas pueden ser etapas de gran significado en nuestra vida. Las etapas en transición son oportunidades maravillosas para obtener fortaleza y sabiduría —oportunidades para experimentar adelanto espiritual y curaciones. La transición puede proveer el adelanto necesario para vivir una vida completamente diferente, no sólo la vida de antes de una manera nueva, sino una vida enteramente diferente. Jean Houston escribe:

> En tiempos de sufrimiento, cuando te sientes abandonado, quizás hasta aniquilado, se está llevando a cabo, a niveles más profundos que tu dolor —la entrada de lo sagrado, la posibilidad de redención. Las heridas abren las puertas de nuestra sensibilidad a una realidad mayor que está fuera del alcance de nuestro punto de vista habitual y condicionado ... Pathos (el sufrimiento) nos da ojos y oídos para ver y oír lo que nuestros ojos y oídos normales no pueden.[1]

Y el poeta Khalil Gibran dice: "El dolor es el rompimiento de la cáscara que encierra tu entendimiento".[2]

El cambio, especialmente un gran cambio, o uno que irrumpe rápida e inesperadamente en nuestra vida, a menudo "rompe la cáscara" que encierra nuestro entendimiento, y hasta nuestro sentido de la realidad. El dolor puede mostrarnos dónde podemos estar resistiéndonos al rompimiento de la "vieja cáscara", e inhibiendo el surgimiento de una "realidad mayor", porque con certeza, la mayoría de nuestro dolor surge de la resistencia. Al comprender la dinámica del proceso de transición podemos aprender cómo minimizar nuestro dolor y facilitar el nacimiento de la nueva vida.

Ray vino a mí a causa de una gran frustración en su trabajo. Se sentía más y más presionado. Tenía discusiones frecuentes con su jefe y compañeros de trabajo. Se sentía ahogado y no apreciado. Esta frustración comenzó a afectar su salud y su vida familiar. Él sabía que "necesitaba un cambio", pero no veía ninguna alternativa para "un hombre de su edad sin título universitario". Se sentía atrapado y confuso. Ray sufría un gran dolor.

En vez de seguir buscando respuestas en lo externo, animé a Ray para que observara sus sentimientos, aunque fueran incómodos. Al aprender a prestar atención a sus sentimientos, Ray gradualmente cayó en cuenta de que los deseos más profundos de su corazón se estaban siendo frustrados por la circunstancia actual. Ray sintió una fuerte necesidad de ser independiente y creativo. Toda su vida, había querido tener un negocio propio, sin embargo, las circunstancias nunca parecían permitírselo. Una exploración más amplia reveló que el deseo más profundo de Ray era combinar su pasatiempo favorito, la pesca, con su meta profesional. El comenzó a explorar esto como una posibilidad seria.

Hoy en día, Ray dirige su propia compañía que manufactura señuelos para la pesca. Ama todo esto inmensamente. Es mucho trabajo pero él "disfruta cada minuto". Su esposa e hijos también forman parte del negocio. Esto ha llevado la relación familiar a una dimensión completamente nueva. Ray puede que no sea rico en un sentido económico, pero su vida es mucho más rica de muchas otras maneras. El hecho de escuchar su dolor en vez de huir de él guió a Ray a una nueva vida.

En nuestra jornada en la vida podemos encontrar varios tipos de transiciones. Algunas transiciones son inevitables en nuestra experiencia humana, algunas son probables y otras posibles pero quizás no verosímiles. El nacimiento, adolescencia, edad madura, vejez y muerte son transiciones que virtualmente todos los humanos experimentamos. Graduación de la universidad, matrimonio, cambio de empleo, paternidad y jubilación son ejemplos de transiciones que la vasta mayoría de nosotros experimentamos en nuestra cultura. El divorcio y cambio de profesión son transiciones que eran relativamente raras hace cincuenta años, sin embargo, se hacen más comunes hoy en día. Quizás una gran mayoría de nosotros nunca tendrá un accidente o enfermedad que nos incapacite, ni pasaremos por bancarrota o cesantía en el trabajo.

Algunas transiciones ocurren por elección, y otras se nos vienen encima, estemos listos o no. Algunas las podemos predecir, mientras que otras son bastante impredecibles. Algunas transiciones son agradables y bienvenidas, otras son desagradables y no bienvenidas. Ciertas transiciones como la jubilación o el divorcio, pueden ser bienvenidas por algunos y temidas por otros. Algunas veces una transición en particular puede causarnos un dolor considerable al comienzo, pero en retrospectiva puede verse como un punto decisivo que nos guía a un cambio de vida muy positivo.

El nacimiento y la muerte son nuestras grandes transiciones. Entre la una y la otra experimentamos muchas otras

—transiciones que queremos y que no queremos, esperadas e inesperadas, agradables y dolorosas— cada una diferente en su forma específica; sin embargo, cada transición tiene características notablemente similares.

Veremos que cada transición consiste en tres etapas distintas[3]. Cada etapa tiene sus características propias, así como también sus retos particulares y lecciones qué enseñarnos. Cada transición, en general, y cada etapa en particular, tiene un don específico para nosotros sólo si podemos aprender a reconocerlo y aceptarlo.

Primero, cada transición comienza con un final. Cambio quiere decir soltar lo viejo antes de abrazar lo nuevo. Así que la primera etapa del proceso de transición es "Finales".

A muchos nos gustaría creer que la etapa de los "Finales" sigue con un nuevo comienzo; no es así. La próxima etapa se llama "El Vacío". Esta etapa se caracteriza por un sentimiento de vacío y de "vagar en el desierto". Y finalmente, llegamos a la última etapa que es la de los "Nuevos Comienzos".

Una de las características del proceso es que las fases o etapas no son necesariamente lineales ni claramente definidas. Las fases a menudo se yuxtaponen y a veces parece que aparecen de nuevo después que "¡creíamos que las habíamos superado!" Aunque en teoría hay un punto en donde nos movemos de una etapa a otra, en la vida real no existe tal punto en el tiempo. Como ejemplo podemos utilizar una analogía del proceso de la naturaleza: podemos decir que el invierno termina y la primavera comienza el 21 de marzo; aunque el patrón general del clima puede comenzar a cambiar más o menos por esta fecha, el clima puede variar grandemente día a día durante este período. Así mismo sucede con las etapas del proceso de transición.

Las tres etapas del proceso de transición —Finales, El Vacío y Nuevos Comienzos— corren paralelamente con un ritual antiguo conocido como "rito de iniciación". Un "rito de iniciación" consiste en un ritual en el cual el iniciado pasa por una muerte y un nacimiento simbólicos —finaliza una fase de su experiencia en la vida y comienza otra.

Los antropólogos han reconocido que cada rito de iniciación tiene tres etapas: una fase de "separación" en la cual el iniciado es sacado del orden antiguo y pasa por una muerte simbólica, una fase de "iniciación" en la cual el individuo es enviado lejos de la tribu o aldea para enfrentar y experimentar el propósito y significado de su existencia, y finalmente, una fase de "retorno" en la cual el individuo es reintegrado al orden social como una persona completamente nueva.

De todos los ritos de iniciación practicados por los nativos en diferentes épocas y lugares, quizás el más universal es el que marca el fin de la niñez y el comienzo de la vida adulta, cuando el niño se convierte en hombre y la niña en mujer. Típicamente, al individuo se le lleva a través de cierto ritual que simboliza la muerte del niño. En algunos casos, se lleva a cabo un funeral. A menudo se elimina el nombre del niño, para ser reemplazado, con el tiempo, por un nuevo nombre; a veces los padres del niño pretenden no verlo ni oírlo, porque el niño está muerto y ya no existe.

Despojado de su identidad, el iniciado deja de ser una persona —se queda invisible en el espacio entre dos mundos. En este mundo ambivalente confronta su existencia y es iniciado en el mundo de lo transpersonal. El iniciado recibe su poder por medio de un sueño, una visión, o un viaje al "otro mundo". Recibe un nuevo nombre y una nueva identidad, porque ha muerto y ahora ha renacido.

Al regresar a la tribu, el iniciado tiene ahora un don específico, cierto poder para compartirlo con otras personas. Puede llegar a ser un cazador, un guerrero, un hechicero con el mandato de servir al bien mayor con su poder recién descubierto. Él regresa como una nueva persona. El nuevo yo ha emergido.

Aunque el término *iniciación* no es usado específicamente en la Biblia, hay muchas historias y enseñanzas que hacen alusión a este proceso. Jesús tuvo varias experiencias a las cuales se puede referir cómo "iniciaciones". Su estadía de cuarenta días en el desierto para ser tentado por Satanás es una ilustración clásica de un rito de iniciación. El evangelio según Mateo, capítulo 4, versículo 1, nos dice "Entonces Jesús fue llevado por el Espíritu al desierto para ser tentado por el diablo". De esta experiencia Él salió capacitado para comenzar su ministerio público "predicando el evangelio del Reino" (Mt. 4:23). Otro ejemplo muy conmovedor de otro rito de iniciación es el del relato de la crucifixión, entierro y Resurrección de Jesús. Éste es, en verdad, el mayor acontecimiento en su ministerio, del cual Él surgió con poderes aún mayores.

El apóstol Pablo tuvo su propia experiencia de iniciación a la cual a veces hace referencia en sus cartas: "ya no vivo yo, mas vive Cristo en mí" (Gá. 2:20). Él invita a otros a este mismo proceso: "En cuanto a la pasada manera de vivir, despojaos del viejo hombre ... renovaos en el espíritu de vuestra mente, y vestíos del nuevo hombre, creado según Dios" (Ef. 4: 22-24).

Inclusive hoy en día algunos cristianos que reportan haber tenido cierta experiencia transformadora se refieren a sí mismos como "nacidos de nuevo". Verdaderamente el tema de "morir con respecto a lo antiguo y el "renacer" a una nueva vida o nuevo nivel de conciencia se encuentra en la literatura de prácticamente toda época y cultura.

El gran mitologista Joseph Campbell habla del héroe mitológico, el cual es esa persona que, a través de una gran constancia es capaz de transcender las limitaciones normales de la humanidad y llevar a cabo acciones y hechos que parecen sobrehumanos. Para citar una expresión de la serie "Viaje a las Estrellas": el héroe es capaz de "ir donde nadie ha ido antes". Campbell hace notar que cada aventura mitológica del héroe sigue una senda muy similar a la comenzada en su rito de iniciación:

> La senda invariable de la aventura mitológica del héroe es una ampliación de la fórmula presentada en los ritos de iniciación: *Separación; iniciación; regreso...* *Un héroe se aventura fuera del mundo de su vida diaria dentro de una región de maravilla sobrenatural: allí se tienen encuentros con fabulosas fuerzas y se sella una victoria decisiva: el héroe regresa de su misteriosa aventura con el poder de conferir dones a sus congéneres.*[4]

Cada uno de nosotros que pasa por una transición es un héroe potencial, porque estamos dejando nuestro mundo conocido para aventurarnos en un territorio sin mapas, no sabiendo qué suerte correremos. Como los antiguos héroes mitológicos, nos encontraremos con los "dragones" del miedo y la duda; tendremos fieras batallas con nuestra alma, y a la postre, si persistimos, descubriremos "el tesoro", el Santo Grial, el maravilloso regalo de libertad y poder que cada transición nos promete si tenemos el valor de emprender el viaje. Comencemos.

Resumen del capítulo

1. Una transición es como pasear en canoa en agua espumosa —peligrosa, y a la vez emocionante. Una oportunidad para progresar rápidamente.

2. La transición es a menudo un tiempo de crisis. Una crisis ofrece peligro y oportunidad.

3. La transición puede ser incómoda, sin embargo siempre es significativa. Es una oportunidad de avanzar a una nueva vida.

4. A menudo el dolor es una señal de que estamos avanzando a un nuevo nivel de comprensión. Con la comprensión correcta, podemos minimizar el dolor y permitir que el avance tenga lugar.

5. Podemos experimentar muchas clases de transiciones en nuestro viaje por la vida. Algunas son deseadas, agradables, esperadas, y otras son no deseadas e inesperadas.

6. Cada transición tiene tres etapas: "Finales", "El Vacío" y "Nuevos Comienzos".

7. Estas etapas siempre ocurren en este orden; sin embargo, a menudo hay una yuxtaposición y regresión entre ellas.

8. Estas tres etapas corren paralelas a un antiguo ritual conocido como rito de iniciación: un morir y un renacer simbólicos.

9. Cada rito de iniciación tiene tres etapas: separación, iniciación y regreso.

10. Un rito de iniciación común es el que marca el fin de la niñez y el comienzo de la vida adulta. El niño "muere" y "renace" en el mundo adulto con una nueva identidad y un nuevo poder.

11. En la Biblia hay muchas experiencias personales que pudieran considerarse como una forma de iniciación.

12. El tema de "nacer de nuevo" a una nueva vida puede encontrarse en la literatura de casi toda época y cultura —incluyendo la nuestra.

13. Joseph Campbell identificó al "héroe mítico", que ha transcendido las limitaciones normales de la humanidad y puede parecer sobrehumano. Cada uno de nosotros en transición es un "héroe potencial".

Segunda parte

Capítulo 4

Finales

"Lo que llamamos comienzo es a menudo el final. Y tener un final es tener un comienzo. El final es donde comenzamos."

T.S. Elliot[1]

Todo en este mundo de fenómenos tiene por lo menos algo en común: todo tuvo un comienzo, y todo tendrá un final. La cantidad de tiempo, como lo medimos, entre comienzo y final puede ser fracciones de segundo o millones de años. Sin embargo, cada forma de vida física tiene un principio y un final. Dentro de la experiencia de la vida humana tenemos innumerables comienzos y finales. Cada respiración, cada actividad, cada relación tiene un comienzo y un final. Nuestro cuerpo físico tuvo un principio, y tendrá un final. Cada comienzo es un tipo de nacimiento, cada final un tipo de muerte.

En el mundo occidental generalmente no nos sentimos cómodos con ninguna forma de muerte. Tendemos a reconocer y celebrar los comienzos, y a negar y lamentar los finales. Nos regocijamos en el nacimiento, sin embargo, a menudo vemos la muerte como una tragedia. Celebramos las bodas, pero tendemos a ver el divorcio como un fracaso. Hasta una ceremonia de graduación, que es una oportunidad obvia de reconocer un final, es generalmente conocida como un "comienzo" y el orador de orden típicamente se refiere a ella como "el vasto e ilimitado futuro que tenemos por delante".

Verdaderamente, hay mucho de bueno y verdadero en nuestras costumbres sociales, sin embargo, a menudo nuestra sabiduría convencional contiene sólo verdades a medias. Así como es bueno que celebremos los comienzos, los finales también necesitan ser respetados y quizás hasta celebrados. Podemos experimentar verdaderamente un nuevo comienzo solamente cuando hemos concluido con el final que lo precedió; de lo contrario, acarreamos los asuntos sin terminar del pasado al futuro.

La mayoría de nosotros no enfrentamos muy bien los finales. Tenemos la tendencia a subestimar o sobrestimar la importancia de un final. Miremos primero aquello que subestimamos. Subestimamos la importancia de un final cuando no reconocemos el impacto que tiene en nuestras vidas, cuando descontamos o minimizamos el efecto que tiene sobre nosotros. Podemos decir: "Olvidémonos del pasado y sigamos con nuestra vida". Tal declaración es válida dentro de cierto contexto, pero la mayoría del tiempo es simplemente un "dicho" que usamos para negar nuestros verdaderos sentimientos acerca de un final.

Una razón por la cual descontamos o minimizamos la importancia de un final es que esto puede ser un intento de enfrentar la aflicción relacionada con una pérdida. Cada final es una pérdida, y la aflicción es una respuesta normal a la pérdida. La aflicción es una emoción dolorosa, e instintivamente tratamos de protegernos de ella. Además, puede que no exista el apoyo que necesitamos por parte de nuestra familia o amigos para ayudarnos en el proceso de sentir nuestra aflicción. Puede que nos aconsejen que "seamos fuertes" y que "mantengamos el control". Con excepción de muy restringidas circunstancias, nuestras costumbres sociales generalmente no apoyan el sentir la aflicción —especialmente cuando se trata de los hombres.

Como resultado de este estado de rechazo, de no aceptar la aflicción y no querer abordarla, muchos de nosotros arrastramos "bagaje" de pesar de pérdidas anteriores en nuestra vida. Cada final puede desatar esta aflicción del pasado con la cual no hemos terminado, así como también la que estamos experimentando en el momento. Si esto parece mucho que soportar, podemos tratar de evitar la aflicción con alguna forma de estado de rechazo o de distracción. A pesar de que esto puede ser una tentación, solo aumenta el "bagaje" y potencialmente crea más sufrimiento. En consecuencia, la pérdida más mínima puede causarnos horror porque el próximo final podría abrir "la caja de Pandora".

Como mencionamos antes, nuestra cultura ha adoptado una orientación un poco "mecanicista" con respecto a la vida. Este paradigma tiende a ver los finales, especialmente los inesperados, como un fracaso, como si algo hubiera "salido mal". Un final inesperado puede desatar nuestra ansiedad acerca de lo impredecible de la vida. Puede crear la sensación de que estamos fuera de control y vulnerables a los acontecimientos, aparentemente al azar, que impactan y dan forma a nuestras vidas. Un final inesperado no se ajusta a nuestra visión de la vida como algo que funciona como "una maquinaria bien lubricada" que operamos personalmente.

Subestimar la importancia de un final es no tomar en cuenta su impacto en nuestra vida, no tomarlo suficientemente en serio. Por otro lado, es posible tomar un final demasiado en serio, sobrestimar el impacto que tiene en nuestra vida. Dos ejemplos clásicos son: el enamorado que se lanza de un risco cuando su amada lo rechaza, o el millonario que salta de un puente cuando pierde su fortuna. Hay otras maneras, menos dramáticas en que podemos sobrestimar el impacto de un final. Cada vez que vemos un final como un fin absoluto, en vez de verlo como el principio de un proceso de transición, podemos estarlo tomando demasiado en serio.

Ahora bien, de cierta manera, cada pérdida *es* permanente, de otro modo no se vería como una pérdida. Sin lugar a dudas, la persona que murió se fue permanentemente (en el sentido físico); la relación que terminó probablemente se acabó para siempre; las circunstancias perdidas en nuestra vida nunca serán las mismas. Sin embargo, lo que *no* se pierde es la posibilidad de un nuevo comienzo. Lo que no se pierde permanentemente es nuestra habilidad para vivir, amar y disfrutar la vida. En verdad, si aceptamos los finales como parte de un proceso mayor de vida, por último, aumentaremos nuestra habilidad para vivir, amar y disfrutar la vida.

Luego veremos que muchas de las transiciones mayores en la vida están acompañadas de cierto sentido de vacío y falta de significado. Sin embargo, sobrestimamos la importancia de un final cuando percibimos que este vacío y falta de significado es una condición permanente, en vez del paso a una nueva vida. Sobrestimamos la importancia de un final cuando creemos que la persona, posesión o circunstancia perdida fue la que dio sentido a nuestras vidas, y que sin esta condición externa nuestra felicidad está perdida para siempre.

A menudo aconsejo a mis estudiantes que respeten los finales pero que no los adoren. Adorar un final es darle más poder del que se merece, hacerlo más grande que nosotros. Respetar un final es reconocer el impacto que tiene en nuestra vida; es respetar a la gente y las experiencias que fueron importantes en nuestra vida, es respetar la sabiduría divina y el orden que gobierna cada aspecto de nuestra vida, si tan sólo tuviéramos ojos para verlo.

Examinaremos ahora las diferentes maneras en que los finales nos impactan. William Bridges identifica "cuatro aspectos de experiencias de finales naturales: liberación, falta de identificación, desencanto y desorientación".[2] Hablaremos individualmente de cada uno, aunque están estrechamente relacionados; de hecho, es común experimentar más de uno de ellos a la vez. La siguiente es una descripción de cada uno de estos aspectos de la experiencia de un final.

Liberación

Una de las definiciones de *comprometerse* es "interrelacionarse, relacionarse con" alguien o algo. *Liberarse* es "soltar" la interrelación que una vez existió. Generalmente nos interrelacionamos intrincadamente con la gente, lugares, papeles y actividades que son parte regular de nuestra vida. Las personas que vemos, los lugares que frecuentamos, las actividades y los ritos sociales en los que tomamos parte se convierten en una parte integral de nuestras vidas diarias. A menudo no nos damos cuenta de lo intrincado de la interconexión hasta que comenzamos a soltarnos de ella. A veces no nos damos cuenta de la importancia de algo hasta que ese algo ya no es parte de nuestras vidas.

Los finales a menudo comienzan con una liberación. El fin de un matrimonio, una graduación, la pérdida de un trabajo, todos requieren que nos liberemos de lo que una vez fue una parte bien conocida de nuestras vidas. Podemos darnos cuenta de que estamos "comenzando un final" por los cambios en las circunstancias externas de nuestras vidas.

Por otro lado, la liberación puede que no suceda hasta "el fin de un final". Por ejemplo, puede que continuemos físicamente una carrera profesional o una relación mucho después de haber retirado nuestra energía mental y emocional de ellas. El final externo puede ser el último paso de un proceso interno que comenzó meses o años atrás.

Generalmente es difícil estar seguro cuándo o cómo comienza realmente un final. Y no siempre podemos decir exactamente cuál puede ser la causa de él; las causas existen en muchos niveles diferentes. La causa fundamental siempre es la sola Presencia y el solo Poder que llamamos Dios, que busca expresarse a través de nosotros de manera más perfecta. Es esencial que escuchemos y confiemos en este poder, activo en nuestras vidas, en cualquier forma en que Dios se esté expresando, aun cuando sintamos dolor o confusión en el momento, ya que raramente comprendemos la razón de los cambios en nuestras vidas cuando estamos en medio de nuestra reacción emocional.

Un final nos separa de los elementos conocidos de nuestra vida. En los ritos de iniciación tradicionales, el proceso de iniciación requiere que el iniciado sea separado de su lugar en el orden social. Esto se hace enviando a la persona lejos de la aldea, al bosque, una cueva, un desierto o a una montaña para que esté sola. Esta separación externa es simbólica de la separación interna que está ocurriendo. La separación externa es temporal; la separación interna es radical y permanente. La vida anterior se deja ir para siempre; algo muere. A la larga, el iniciado regresará a la aldea, pero nunca será la misma persona que se fue.

Este patrón está representado en las leyendas del héroe mítico, incluyendo muchas de las cuales se encuentran en la Biblia. Jesús se retiraba a orar en soledad cuando estaba en un punto de transición en su vida. Su experiencia de los cuarenta días en el desierto donde tuvo un encuentro con "el diablo" es un ejemplo de liberación, así como también el tiempo que pasó solo en Getsemaní, donde se preparó para un rito de iniciación mayor en el Calvario. Moisés recibió los Diez Mandamientos de parte del Señor sólo después que se liberó de su tribu y subió solo al Monte Sinaí. Elías oyó "la voz de Dios" cuando estaba solo en una cueva en la montaña durante sus cuarenta días en el desierto.

En nuestra sociedad moderna tenemos ritos de iniciación formales, sin embargo notamos que hay una fuerte tendencia a romper con las normas y los patrones familiares durante

los tiempos de transición; a menudo nos encontramos que-
riendo estar solos. Inconscientemente podemos crear una
liberación para poder tener la privacidad necesaria. No es
poco común para un individuo "preparar" las circunstancias
que fuerzan una liberación. Y a veces podemos encontrarnos
sintiéndonos "distraídos" y pareciendo que vivimos "en otro
mundo". Éste es un modo en que la sique crea el espacio
necesario que necesitamos para realizar nuestro trabajo en
"el otro lado" del alma.

Desidentificación

La liberación es, principalmente, un proceso externo,
una *desidentificación* externa. Mucha de nuestra identidad
personal puede estar basada en patrones, actividades y relaciones en los cuales estamos involucrados. Por este motivo,
nos vemos reflejados en aquellos que nos rodean. Cuando
un final rompe este espejo exterior, podemos sentir como si
nos faltara una parte de nosotros —muchas veces una gran
parte. Mucha de la aflicción que experimentamos con un
final es el resultado de esta pérdida de nuestra conexión con
nuestro ser. Alla Bozarth-Campbell escribe:

A medida que algo o alguien significa más para
mí, más de mí he dado, entregado o confiado fuera
de mí misma. Al ser separada de ese alguien o algo,
de hecho estoy desconectada de esa parte de mí que el
otro representa. He perdido parte de mi propio ser.[3]

Una de las tendencias más fuertes del ser humano es la
de tratar de mantener su identidad. Cuando vivimos nuestra
identidad en lo externo, tratamos de controlar nuestro medio
ambiente para proteger esa identidad. Podemos hacer grandes sacrificios para crear y mantener los patrones y estructu-

31

ras externos que nos reflejan el "ser" que queremos ver.

Este deseo de mantener nuestra identidad es tan poderoso que muchos preferirían morir antes de dejarlo ir. La identidad es el centro de gravedad alrededor del cual uno busca un sentido de equilibrio. Así como el sol con los planetas, nuestra identidad forma un campo de atracción que determina la "órbita" de nuestros pensamientos, sentimientos y comportamiento. Sin embargo, cuando estamos dispuestos a dejar ir esta adorada identidad y enfrentar nuestro miedo a lo desconocido, a la aniquilación, y vemos más allá de ello, entramos en la experiencia de llegar a ser quiénes somos realmente, y quiénes somos realmente es más de lo que podemos imaginar. Stephen Levine escribe:

> Al dejar ir lo que imaginamos ser, dejar ir nuestro pensar, nuestro intento de controlar el mundo, nos encontramos con nuestro ser natural, que ha estado esperándonos pacientemente todos estos años para que regresemos a casa.[4]

¿Cómo dejamos ir al "ser imaginario" y cómo nos abrimos a nuestro "ser natural"? Puede haber muchas maneras; se ha escrito mucho acerca de varios caminos para encontrar el verdadero Ser. Dentro del contexto de los finales, Bozart-Campbell nos habla de una manera simple pero poderosa:

> Encontrar mi camino de regreso a la parte que falta de mí, reclamándola de la persona o cosa que se fue es el proceso que yo llamo aflicción. Literalmente, es un proceso que salva la vida. La aflicción no es solamente la manera en que sobrevivimos una pérdida dolorosa, sino la manera en la cual podemos vivir de una manera mas creativa a través y más allá de la pérdida,

dentro y fuera de una parte más profunda de nosotros mismos.[5]

La aflicción no es sólo un síntoma de estar herido, sino también una parte del proceso mismo por el cual somos sanados. Cuando nos permitimos a nosotros mismos experimentar completamente nuestra aflicción por la pérdida sufrida, en vez de evitar su lección al buscar otro espejo exterior, estamos reclamando nuestro ser natural. Somos, entonces, como el hijo pródigo regresando al padre después de una larga estadía en el país lejano. Sentir nuestra aflicción por nuestra pérdida es un paso mayor en el regreso a casa, a nuestro verdadero Ser.

Sí, podemos atascarnos en nuestra aflicción, podemos tomar nuestra pérdida demasiado en serio. Una vez más, el camino a la curación reside en respetar nuestra aflicción como un rito de iniciación, algo que atravesamos para tener una comprensión más completa de quiénes somos realmente.

Jesús dijo: "Y todo el que pierda su vida por causa de mí, la hallará" (Mt. 16:25) La desidentificación se trata de perder nuestra vida anterior, la vida definida por lo externo, y tener la oportunidad de encontrar nuestro verdadero Ser —la divina esencia que es el Espíritu de Cristo en cada uno de nosotros.

Desencanto

Estar "encantado" es vivir bajo un hechizo, y todos lo hacemos; estamos encantados por nuestro paradigma cultural. Cada cultura trata de perpetuar su visión de la realidad a través de cada uno de sus miembros. La mayoría de estas creencias colectivas simplemente se dan por sentadas, prácticamente cada persona en esa cultura supone inconscientemente que son verdaderas. Basamos nuestros valores, nuestros ideales, nuestras metas en estas "verdades autoevidentes" y ni siquiera nos damos cuenta de que las abrazamos hasta que algo causa que cuestionemos una de estas suposiciones.

Por ejemplo, podemos suponer que el éxito externo trae felicidad, una creencia que ha sido uno de nuestros patrones culturales. Podemos pasar una cantidad de tiempo enorme y emplear una gran cantidad de energía acumulando bienes materiales y nivel social, sin embargo, no somos felices. Podemos presumir que es porque no tenemos lo "suficiente" o que no es del "tipo correcto", así que continuamos esforzándonos. A la larga ¡lo *logramos*! Lo que "logramos" no es "una suficiencia de las cosas buenas", lo que logramos es el darnos cuenta de que no hay suficientes "cosas buenas" en el universo para hacernos felices. Aquello mismo sobre lo cual hemos basado nuestra vida, de repente ha desaparecido. ¡Bienvenidos a la tierra del *desencanto*!

Este ejemplo no es sino uno del sinnúmero de encantos que se tejen en nuestra cultura. Estos encantos no son necesariamente malos; pueden servirnos en cierta etapa de nuestra evolución, sin embargo, pueden retrasarnos en otras etapas. Lo que nos sirve como punto de apoyo en un punto de nuestro viaje, puede convertirse en un obstáculo en otro. (Lástima del adulto que nunca creyó en San Nicolás, ¡pero más lástima del adulto que aún cree!) Una gran parte de nuestro proceso de madurez descansa en dejar ir los encantos de la juventud —pero no antes de tiempo. Mucho de lo que llamamos crecimiento espiritual es un proceso de despojarnos de aquellos encantos para los cuales ya estamos pasados de edad.

Todo esto parece una tarea muy positiva y deseable... y lo es; sin embargo, en el principio del desencanto, rara vez lo parece; de hecho, ¡uno se siente mal! Nuestro sentido de realidad es amenazado; nuestros valores están de cabeza; nuestro propósito de vida parece desaparecer. El desencanto se siente como si el fundamento de nuestra vida se hubiera derrumbado.

El desencanto difiere de la desilusión. La desilusión tiene lugar cuando una persona o acontecimiento en particular estropea nuestros deseos o intenciones. Cuando sentimos desilusión no cuestionamos las suposiciones subyacentes, simplemente estamos molestos porque esto en particular "no funcionó". Con el desencanto descubrimos que la intención en sí "no funciona"; descansa en una falacia. Podríamos decir que desilusión es cuando descubrimos que este hombre no es el verdadero San Nicolás; desencanto es cuando descubrimos que no hay San Nicolás, ni nunca lo hubo.

El desencanto puede tener lugar después de un final externo; una liberación puede ser el disparador. Puede aparecer también antes de que experimentemos cualquier cambio exterior; el desencanto en sí puede ser la primera señal de un final. Tal fue el caso del autor León Tolstoi:

> Alrededor de los cincuenta años, Tolstoi relata que comenzó a tener momentos de perplejidad, de lo que él llama "suspensión", como si no supiera "cómo vivir", o qué hacer ... La vida había sido encantadora, ahora era simplemente sobria, más que sobria, muerta. Las cosas, cuyo significado siempre había sido auto-evidente, no tenían ahora significado. Las preguntas "¿Por qué?" y "¿Ahora qué?" comenzaron a acosarlo con más y más frecuencia ...
>
> Las preguntas: "¿Por qué?" "¿Por qué motivo?" "¿Para qué?" no tenían respuesta.
>
> "Sentí," dice Tolstoi, "que algo se había roto dentro

de mí, algo en donde mi vida siempre había descansado, y no tenía nada más a qué aferrarme, y moralmente mi vida se había detenido ...

"Todo esto ocurrió cuando, con respecto a todas mis circunstancias externas, debería haber sido completamente feliz. Tenía una buena esposa ... buenos niños ... una propiedad grande ..."

"Y sin embargo, no le podía dar un sentido razonable a ninguna de las acciones de mi vida."[7]

La vida anterior de Tolstoi estaba llegando a su fin; a la larga, una nueva vida surgiría, y el desencanto fue la primera señal. Su difícil situación ilustra la confusión que a menudo rodea un final. Esta confusión es parte de otro fenómeno de la experiencia de un final: *la desorientación.*

Desorientación

Estar desorientado es estar "confundido, perder nuestro sentido de dirección, tiempo o perspectiva". Un final puede provocar cualquiera de estas experiencias o todas ellas. Una razón por la cual esto ocurre la da William Bridges:

La "realidad" que queda después de un final no es sólo un cuadro en la pared. Es un sentido de cómo ir hacia arriba y cómo ir hacia abajo; cómo avanzar y cómo retroceder. Es, en resumen, una manera de orientarnos y de movernos hacia adelante, al futuro.[8]

Los "mapas" que solían guiar nuestra vida, de repente se tornan inútiles. Podemos encontrar que no sólo estamos en "territorio nuevo", sino que los instrumentos de navegación de los que dependíamos ya no funcionan; todo nuestro sentido de dirección se interrumpe. No sólo hemos perdido el camino, sino también hemos perdido el sentido de hacia dónde nos dirigíamos originalmente.

Nuestro sentido de pasado y futuro se apoya en el contexto de un conjunto de significados, valores e identidades que componen nuestra realidad. Cuando éstos son estremecidos o destrozados por un final, nuestro sentido de pasado y futuro de igual forma se "revuelve". La continuidad de nuestra vida puede que se rompa. Murray Stein se refiere a esto como un estado de *umbral sensorio sicológico*.

> El umbral sensorio sicológico ... ocurre cuando el ego es separado de un sentido fijo de quién es y ha sido, de dónde viene y su historia, a dónde va y su futuro; cuando el ego flota a través de espacios ambiguos, con un sentido de tiempo sin limitaciones, a través de un territorio de linderos que no están claros y de bordes inciertos; cuando se desidentifica de las imágenes internas que lo habían sostenido anteriormente y que le habían dado un sentido de propósito.[9]

La desorientación resulta del desmantelamiento del antiguo ser, de la vida anterior, de la antigua realidad. Es un paso necesario en el desarrollo de una nueva vida, del ser transformado y de la realidad mayor.

Sumario

Todos nosotros llevamos por dentro una serie de preguntas primarias que se han formado temprano en nuestra vida. Normalmente estas preguntas están debajo del nivel de conciencia y raramente son verbalizadas. Las respuestas que hemos desarrollado a estas preguntas son el marco de nuestro sentido de realidad. Estas preguntas son:

¿Quién soy?
¿Qué es verdadero?
¿Cuál es el objeto de mi vida?
¿Cuál es mi lugar en el mundo?

A muy temprana edad comenzamos a formular respuestas a estas preguntas. Nuestras respuestas generalmente permanecen con nosotros por largo tiempo ... algunas veces por toda la vida. Nada afecta más nuestra vida que estas respuestas. Un final causa un impacto en todas ellas.

La liberación cambia, o al menos amenaza, las creencias que hemos formado acerca de nuestro lugar en el mundo — nuestros papeles, nuestras relaciones, nuestras responsabilidades. *La desidentificación* destroza la manera como respondimos la pregunta "¿Quién soy?" *El desencanto* es el resultado de un rompimiento en nuestro sentido de "lo que es real". *La desorientación* ocurre cuando nuestro sentido de "donde va mi vida" se interrumpe.

Cada uno de estos aspectos de la experiencia de un final necesita que se le respete como un elemento esencial del proceso de transición. No hay una "manera correcta" única para llevar esto a cabo. Es importante que nos demos cuenta de todas nuestras respuestas a un final y que nos permitamos experimentar plenamente cada etapa del proceso. Como con cualquier otro proceso de transformación, nosotros no hacemos que esto suceda; sólo podemos permitir que suceda a través de nosotros.

Como explicamos anteriormente, éste es, a menudo, un tiempo de crisis, un tiempo de peligro y oportunidad, un tiempo de interrupciones y de descubrimientos. Es muy importante que nos permitamos experimentar nuestros sentimientos y sentir nuestras experiencias internas, y al mismo tiempo, ser extremadamente cautos en la toma de grandes

38

decisiones o hacer compromisos a largo plazo. Nuestros sentimientos y percepciones pueden variar grandemente día a día. Lo que parece tan real e importante hoy puede parecer irrelevante y trivial mañana. Puede ser la ocasión de buscar guía y respaldo por parte de amigos, grupos de apoyo o consejeros profesionales.

Es especialmente importante que acudamos al Dios de nuestra comprensión durante estos momentos de cambio. Irónicamente, a menudo éste es el momento cuando nuestra fe en todo, incluyendo en Dios, se tambalea. Sin embargo, si tan sólo nos diéramos cuenta de ello, la posibilidad de una comprensión de Dios completamente nueva y una nueva relación con Dios emergerían. Cada transición nos da la oportunidad de un "Dios más grande" que en el cual una vez creímos. Podemos darnos cuenta de que Dios no sólo nos guía a través de la transición, sino también origina la transformación que ésta trae como resultado.

Resumen del capítulo

1. *Todo en nuestro mundo visible tiene un comienzo y un final; cada comienzo es un nacimiento, cada final una muerte.*

2. *Nosotros, en el mundo occidental, no nos sentimos cómodos con ninguna forma de muerte. Generalmente celebramos los comienzos, pero también debemos reconocer los finales.*

3. *Si no manejamos bien nuestros finales, acarreamos los asuntos no concluidos del pasado al futuro.*

4. *La mayoría de nosotros no manejamos bien los finales; a menudo sobreestimamos o subestimamos la importancia de un final.*

5. *Subestimamos la importancia de un final cuando no reconocemos el impacto que tiene sobre nosotros.*

6. *Podemos descontar la importancia de un final en un intento de manipular el dolor de una pérdida.*

7. *Podemos llevar en nosotros un pozo de dolor causado por pérdidas anteriores. Cada final puede generar dolor tanto de pérdidas anteriores como de circunstancias actuales.*

8. *Al vivir en un paradigma mecanicista, un final inesperado puede generar ansiedad acerca de lo impredecible de la vida.*

9. *Sobrestimar la importancia de un final es tomarlo demasiado en serio: verlo como una finalidad absoluta más que como el comienzo de un proceso de transición.*

10. *Aunque algunas condiciones en la vida pueden perderse para siempre, nunca perdemos la posibilidad de un nuevo comienzo, y nunca perdemos la posibilidad de la felicidad. Ninguna circunstancia externa es la fuente real de la felicidad.*

11. *Respeta los finales, pero no los "adores". Tómalos en serio, pero nunca demasiado en serio.*

12. *Hay cuatro aspectos de la experiencia de un final: liberación, desidentificación, desencanto y desorientación.*

13. *La liberación significa que ya no estamos involucrados con lo que una vez fue una parte conocida de nuestra vida.*

14. *La liberación es a menudo, pero no siempre, el comienzo del proceso del final.*

15. *No siempre conocemos la causa de un final, en última instancia es Dios buscando expresarse más plenamente a través de nosotros.*

16. *En los ritos de iniciación tradicionales, el proceso comienza con la separación del orden social. Este tema se refleja en muchas historias bíblicas.*

17. *En nuestra cultura moderna no tenemos muchos ritos de iniciación formales, sin embargo, inconscientemente creamos una experiencia de separación.*

18. *Nuestro mundo exterior a menudo refleja partes de nuestra identidad; cuando perdemos el "espejo" exterior, podemos sentir como si hubiéramos perdido parte de nosotros mismos. Esto es desidentificación.*

19. *Uno de nuestros mayores impulsos es mantener nuestro sentido de identidad. Si estamos dispuestos a enfrentar el miedo de soltar esto, comenzaremos a descubrir nuestra verdadera naturaleza.*

20. *Una de las maneras en que hacemos esto es lamentando nuestra pérdida. Nos podemos encontrar a nosotros mismos a través de nuestra aflicción.*

21. *Cada cultura "encanta" a sus miembros a través de un sistema colectivo de creencias y valores. Generalmente suponemos que estas creencias son ciertas, sin cuestionarlas. Cuando una de estas suposiciones básicas es suprimida, ocurre el desencanto.*

22. *Podemos necesitar estas creencias (encantamientos) en ciertas etapas de nuestro crecimiento, pero en algún punto necesitamos soltarlas. Mucho de nuestro crecimiento consiste en dejar ir los "encantos" que pertenecen a nuestro pasado.*

23. *Últimamente, esto es algo muy positivo, pero rara vez parece ser así cuando sucede; generalmente es desagradable.*

24. *La desilusión ocurre cuando cierta circunstancia no satisface nuestros deseos, pero, continuamos con el mismo conjunto básico de suposiciones; el desencanto ocurre cuando soltamos las suposiciones básicas.*

25. *El desencanto puede suceder antes o después de la liberación.*

26. *Un final puede producir desorientación: una sensación de confusión, una pérdida del sentido de dirección. Los "mapas" que guiaban nuestra vida de repente pueden tornarse inútiles.*

27. *Con la desorientación, nuestro sentido de pasado y futuro se interrumpe; el ego "flota" a través de una sensación de tiempo ilimitado.*

28. *Inconscientemente respondemos a ciertas preguntas temprano en nuestra vida. Las respuestas influencian nuestra vida enormemente. Las preguntas: "¿Quién soy?" "¿Qué es real?" "¿Cuál es el sentido de mi vida?" "¿Cuál es mi lugar en el mundo?" Un final impacta nuestras respuestas a todas ellas.*

29. *No hay una sola manera "correcta" de experimentar un final. Es importante permitirnos a nosotros mismos experimentar nuestros sentimientos y ser cautos al tomar decisiones grandes.*

30. *En esos momentos es especialmente importante acudir al Dios de nuestra comprensión y confiar en que estamos siendo guiados.*

Capítulo 5

Salida de Egipto

Carl Gustav Jung, sicólogo suizo, propuso la existencia de una memoria colectiva inconsciente en la sique humana. Así como los animales heredan un conocimiento instintivo común a las especies, nosotros los humanos, según el Dr. Jung, heredamos patrones inconscientes de memoria comunes a la raza humana. Estos patrones de memoria se conocen como arquetipos.[1]

De los arquetipos podría pensarse que son como "órganos" de la mente. Así como cada órgano en el cuerpo humano tiene una función específica que contribuye al bienestar de todo el cuerpo, de la misma manera cada arquetipo en el inconsciente colectivo contribuye al bienestar de toda la sique. Los recuerdos arquetípicos no son personales; no le pertenecen al individuo sino a la raza humana. A estos recuerdos se puede tener acceso a través de sueños y visiones, y a través del estudio de mitos y escrituras antiguas.

Los animales se basan en sus instintos para funcionar en los diferentes ciclos de sus vidas; por ejemplo, se preparan para el invierno, construyen sus nidos, se aparean y cuidan de sus crías. Como seres humanos, nosotros también tenemos un conocimiento interno en el cual podemos basarnos para sostenernos a través de los ciclos de nuestras vidas. La gente de culturas antiguas se basó en este conocimiento intuitivo, así como también en sus rituales, su folclore y sus mitos. Debido a la falta de uso, nosotros, los individuos modernos, hemos perdido nuestro acceso tanto intuitivo como mitológico a este conocimiento original. A través de la práctica de la oración y la meditación, recobramos el acceso a esta sabiduría del alma.

La historia bíblica del Éxodo permanece dentro de la

memoria colectiva de la cultura judeo-cristiana. Como tal, ésta es más que un recuento histórico de cierta tribu de gente: es un relato que todavía vive dentro de cada uno de nosotros. Históricamente, narra las experiencias de una tribu hebraica que escapó de una vida de esclavitud en la tierra de Egipto, cruzó el árido desierto de la península del Sinaí y llegó a la larga, a la tierra de Caná —la Tierra Prometida. La importancia de este relato no solamente yace en la huida geográfica de Egipto a Caná, sino en lo que tuvo lugar durante el viaje. No fue en la Tierra Prometida sino en el desierto que los israelitas hicieron la transición de tribu nómada a una nación con una identidad, un pacto y una misión.

De este modo descubrimos la primera lección de este gran relato: el poder transformador del proceso de transición no descansa en nuestro arribo a cierto destino, sino en el *experimentar* el proceso en sí. Una transición es un viaje. En nuestra cultura de alta tecnología y de todo instantáneo, hemos olvidado el arte de disfrutar la jornada. Viajamos mucho, pero raramente prestamos atención a la jornada. Cuando viajamos, mecánicamente nos trasladamos de un lugar a otro. Nos montamos en un avión, tren o en nuestro automóvil, y luego buscamos estar cómodos y mantener nuestra mente ocupada hasta que llegamos a nuestro destino. Al tener en cuenta la jornada, ésta en sí es tan importante como el llegar a nuestro destino. La jornada en sí nos cambia tanto que cuando llegamos, somos una persona diferente a aquella que partió. Y así sucede con el proceso de transición.

Cuando consideramos el relato del Éxodo, no estamos tan interesados en su exactitud histórica como en la enseñanza que tiene para nosotros. Vamos a interpretar la narración histórica principalmente desde una perspectiva metafísica, haciendo énfasis en aquellos arquetipos que son universales con respecto al proceso de transición. Desde este punto de vista, vemos el relato como una lección; nos enseña de la misma manera que nos enseña un sueño —a través del simbolismo. Vemos a cada persona, lugar y cosa en este relato como parte de nosotros mismos, como un símbolo arquetípico dentro del inconsciente. De este modo el relato nos revela su sabiduría.[2]

La narración comienza cuando los israelitas vivían como esclavos en la tierra de Egipto; estaban a esclavitud de sus señores egipcios. Pero la historia realmente no comenzó de esta manera. Los israelitas se establecieron originalmente en Egipto como consecuencia de la crisis que había tenido lugar cuatrocientos años antes: "Hubo hambre en todos los países, pero en toda la tierra de Egipto había pan" (Gn.41:54).

Cuando Jacob se enteró de que había trigo en Egipto, dijo a sus hijos: "Yo he oído que hay víveres en Egipto; descended allá y comprad de allí para nosotros para que podamos vivir y no muramos" (Gn.42:2).

Sin saberlo Jacob, su hijo José estaba viviendo en Egipto y estaba a cargo de vender el trigo: "Y de todos los países venían a Egipto para comprar grano a José, porque por toda la tierra había crecido el hambre" (Gn. 41:57). Cuando los hermanos de José llegaron a Egipto, no lo reconocieron, pero a la larga José reveló su identidad a sus hermanos y los hizo que trajeran a su padre Jacob (también conocido como "Israel") a Egipto a vivir: "Así habitó Israel ... en la tierra de Gosén;[3] tomaron posesión de ella, se aumentaron, y se multiplicaron de gran manera" (Gn. 47:27).

Al principio, Egipto fue enviado por Dios —en realidad, una salvación. Sin embargo, lo que nos salva en un momento dado en nuestra historia puede aprisionarnos después. Cuatrocientos años después de que Jacob y su familia se establecieron en Egipto, las circunstancias cambiaron significativamente:

Entretanto, se levantó sobre Egipto un nuevo rey

que no conocía a José y dijo a su pueblo: "Mirad, el pueblo de los hijos de Israel es más numeroso y fuerte que nosotros. Ahora, pues, seamos sabios para con él, para que no se multiplique, y acontezca que, en caso de guerra, él también se una a nuestros enemigos para pelear contra nosotros, y se vaya de la tierra". Entonces pusieron sobre ellos comisarios de tributos para que los oprimieran con sus cargas ... Los egipcios hicieron servir a los hijos de Israel con dureza, y amargaron su vida con dura servidumbre.

—Éxodo 1:8-11, 13-14

Mucho de nuestro antiguo modo de vida, y en realidad mucha de nuestra identidad en sí, se formó como una respuesta a alguna necesidad que una vez existió. Cuando niños, nos adaptamos a las necesidades y deseos de nuestra familia para satisfacer nuestras necesidades. Formamos creencias, actitudes y patrones de conducta que pueden habernos servido bien en nuestra niñez. Sin embargo, treinta o cuarenta años más tarde, estos mismos patrones pueden esclavizarnos y amargar nuestra vida porque las circunstancias son completamente diferentes. Los patrones de cómo pensar, sentir y comportarse que una vez existieron para servirnos y protegernos ahora nos pueden tener cautivos. La esclavitud de los israelitas en Egipto es simbólica de esta condición de convertirnos en "prisioneros de nuestro pasado".

La huida de Egipto fue iniciada y dirigida por un hombre llamado Moisés. (De manera más correcta podríamos decir que fue llevada a cabo por el Señor, trabajando a través de Moisés.) Así que vamos a ver la historia de la vida de este hombre.

Comenzamos con el faraón, el rey de Egipto, que vivía "temiendo al pueblo de Israel". (Se piensa que este faraón fue Ramsés II, quien reinó en el siglo trece A.C.[4] El faraón no solamente "les amargó la vida con trabajo duro" sino que ordenó a las comadronas egipcias que mataran a todo varón nacido de mujer hebrea. Las comadronas, en secreto, se negaron a cumplir esta orden, así que el rey "mandó a todo su pueblo, diciendo: echad al río a todo hijo que nazca" (Ex.1:22).

Cuando Moisés nació, su madre hebrea lo mantuvo oculto tres meses. Luego lo colocó en una cesta de juncos tejidos y sellada con brea y lo escondió entre los juncos a la orilla del río. La hija del faraón se vino a bañar a este sitio, y cuando vio la cesta mandó a una criada que la trajera. Al abrir ella la cesta el niño comenzó a llorar, y la princesa sintió lástima, dándose cuenta de que era uno de los niños hebreos que su padre había ordenado matar. La hermana de Moisés, Miriam, se encontraba a cierta distancia, observando. Se acercó a la princesa y se ofreció a conseguir una nodriza hebrea para que amamantara al niño. Se llegó a este acuerdo y Miriam ¡corrió a buscar a la madre de Moisés, quien se convirtió en su niñera! Cuando Moisés creció, la hija del faraón lo adoptó y le dio el nombre de Moisés. (Del verbo hebreo *Mosheh* que significa "sacar".)

La historia del nacimiento de Moisés sigue el tema del arquetipo del "niño divino" que se encuentra en muchos relatos. El modelo para esta historia en particular fue una leyenda mucho más antigua del gran rey Sargón de Akkad, de Mesopotamia.[5]

Metafísicamente, el nacimiento de un niño divino es el nacimiento de la expresión fresca, inocente y creativa del "Ser verdadero" de cada uno de nosotros. June Singer describe cómo este niño siempre trae la promesa de una nueva vida:

El arquetipo del niño divino tiende a aparecer antes de una transformación de la sique. Su aparición marca el señalamiento de eones en la historia del mundo, los cuales fueron anunciados por la aparición de un niño que derroca un orden anterior y, con pasión e inspiración, comienza uno nuevo.[6]

Esta nueva vida, aunque muy poderosa potencialmente, es también frágil en su comienzo. El "faraón" en nosotros busca destruirla, porque en realidad, amenaza el orden anterior de nuestra vida. Es necesario proteger cuidadosamente esta nueva vida escondiéndola de las fuerzas hostiles del orden anterior. (A veces el "faraón" aparece externamente en forma de amigos bien intencionados o miembros de la familia que buscan regresarnos a "nuestro ser anterior".)

Moisés creció en la corte del rey, pero permaneció consciente de su origen hebreo. Varios años más tarde, ya hombre, vio a un egipcio azotando a un esclavo hebreo. Enfurecido con lo que había visto, Moisés mató al egipcio en un momento en el que él pensó que nadie lo vería; luego enterró el cuerpo en la arena. Pero más tarde descubrió que lo habían visto, y el hecho fue reportado al faraón, quien entonces buscó matarlo. Moisés huyó al este, en el desierto del Sinaí, y habitó en la tierra de Madián.

Moisés sentía resentimiento por las condiciones que vio en Egipto. Actuó de acuerdo con ese resentimiento y tuvo que huir de Egipto por el hecho que había tratado de ocultar y había sido descubierto. Nosotros, también podemos tener resentimientos contra algo, y por miedo, tratamos de reprimirlos —de "esconderlos en la arena". Pero una regla primaria de la conciencia es: Aquello que está oculto, algún día será revelado. La negación de nuestros verdaderos sentimientos puede que parezca funcionar por un tiempo, pero llega el día en que no pueden estar ocultos por más tiempo y deben ser reconocidos plenamente. Esto puede precipitar algún tipo de transición en nosotros, como sucedió a Moisés.

En el desierto de Madián, Moisés se refiere a sí mismo diciendo: "Forastero soy en tierra ajena" (Ex. 2:22). ¡Este es un sentimiento que muchos comparten en el proceso de transición! A la larga, él vino a trabajar para un hombre llamado Reuel y se casó con su hija Séfora. Un día, pastoreando el rebaño de Reuel, Moisés vino al monte Horeb (o Sinaí). Se apartó del camino para observar una visión extraña: una zarza que se quemaba sin consumirse. La voz del Señor provino de la zarza ordenándole que se descalzara, porque estaba en tierra santa. Y le dijo que había sido escogido para guiar a sus hermanos fuera de su opresión y traerlos a la Tierra Prometida. Moisés no se sintió capaz de llevar a cabo tal tarea: "¿Quién soy yo para que vaya al faraón y saque de Egipto a los hijos de Israel?" Para darle más confianza, el Señor dijo: "Yo estaré contigo" y a petición de Moisés reveló Su nombre: "Yo soy el que soy" (Ex. 3:11-12,14). No se puede dar una traducción exacta del nombre del Señor; "Yo soy el que yo soy" es la más famosa. El significado esencial de este nombre es que el Señor es aquello que es la base de todo ser, la primera causa de todo lo que existe.

Para Moisés, esta experiencia fue un "nuevo comienzo"; estaba siendo llamado a una nueva identidad y a una nueva fase de su vida. Es interesante la respuesta de Moisés: "¿Quién soy yo para que vaya al faraón?" y que el Señor le respondiera: "Yo estaré contigo" y luego dijera a Moisés Su nombre. La inferencia para todos nosotros en el proceso de transición es que el Señor está con nosotros de principio a fin. El nombre y la naturaleza de Dios nos llama a reconocer la Presencia en medio de nuestro reto. ¡Caminamos en tierra santa!

La esencia de quiénes somos es el YO SOY; este Ser transpersonal que no puede definirse ni con palabra ni en concepto. El poeta Kahlil Gibran escribe acerca de esto: "Porque el ser es un mar sin límites y sin medida".[7] Moisés, que estaba identificado con su ser personal, se sintió inadecuado para la tarea. Cuando estamos identificados únicamente con el ser personal, el ego, nos sentimos inadecuados para la tarea de transformación. A medida que cultivamos nuestra conciencia del YO SOY y aprendemos a rendirnos a este Ser transpersonal (como lo hizo Moisés a la larga), nos damos cuenta de que nuestras únicas limitaciones son las que nosotros mismos nos imponemos.

Bajo la dirección del Señor, Moisés se enfrentó al faraón diciendo: "Jehová el Dios de Israel, dice así: "Deja ir a mi pueblo" (Ex. 5:1). El faraón se opuso terminantemente y hasta negó todo conocimiento del Señor. Sólo después de haber sufrido a través de siete plagas, el faraón aceptó dejar ir a los israelitas.

Ahora veamos al faraón. Para los egipcios el faraón era mucho más que un rey; era una deidad, la personificación de lo divino. Metafísicamente, en este relato, Egipto simboliza la vida que todavía no ha despertado, gobernada por una realidad externa. El faraón, quien rige este mundo, simboliza el ego personal, el ser separado de la conciencia del Señor de nuestro ser. Gobierna con el eterno miedo que brota de la sensación de separación de nuestra verdadera naturaleza. A menudo, solamente después que hemos sido atacados por un gran sufrimiento es cuando estamos dispuestos a rendirnos a la voz del Señor que nos habla. Sólo después de sufrir inmensas penalidades —inclusive la muerte de su propio hijo— el faraón accedió a dejar ir a los israelitas ¡y aun entonces, cambió de opinión!

Cuando fue dado aviso al rey de Egipto, que el pueblo huía, el corazón del Faraón y de sus siervos se volvió contra el pueblo, y dijeron: "¿Cómo hemos hecho esto? Hemos dejado ir a Israel, para que no nos sirva".

Unció entonces su carro y tomó consigo a su ejército. Tomó seiscientos carros escogidos. ... Los egipcios los siguieron con toda la caballería y carros del faraón, su gente de a caballo, y todo su ejército; los alcanzaron donde estaban acampados junto al mar.

—Éxodo 14:5-7, 9

La vieja realidad no se olvida fácilmente, y en el momento en que pensamos que hemos "dejado el pasado atrás", para nuestra sorpresa ¡nos persigue a toda velocidad! A veces es fácil sentirse temeroso y descorazonado, como sucedió a los israelitas.

Cuando Faraón se hubo acercado, los hijos de Israel alzaron sus ojos y vieron que los egipcios venían tras ellos, por lo que los hijos de Israel clamaron a Jehová llenos de temor, y dijeron a Moisés: —¿No había sepulcros en Egipto, que nos has sacado para que muramos en el desierto? ¿Por qué nos has hecho esto? ¿Por qué nos has sacado de Egipto?

—Éxodo 14:10-11

Atrapados entre el ejército egipcio y el Mar Rojo, parecía que había poca esperanza para los israelitas.

Atrapados entre recuerdos de un pasado que se ha ido y un futuro incierto, podemos sentir ansiedad y arrepentimiento, porque puede parecer como si estuviéramos en una situación sin esperanza. Podemos lamentar nuestras decisiones.

"Porque mejor nos es servir a los egipcios, que morir en el desierto". (Ex.14:12)

La solución a este dilema la da claramente el mismo relato:

Moisés respondió al pueblo: —No temáis; estad firmes y ved la salvación que Jehová os dará hoy, porque los egipcios que hoy habéis visto, no los volveréis a ver nunca más. Jehová peleará por vosotros, y vosotros estaréis tranquilos. Entonces Jehová dijo a Moisés: —¿Por qué clamas a mí? Di a los hijos de Israel que marchen. Y tú, alza tu vara, extiende tu mano sobre el mar, y divídelo, para que los hijos de Israel pasen por medio del mar en seco.

—Éxodo 14: 13-16

El resto es historia: Moisés alza su vara, el Mar Rojo se divide, y los hijos de Israel cruzan el mar dividido. Los egipcios los persiguen sólo para encontrar que el mar viene sobre ellos para sumergirlos; todos los egipcios se ahogan, y los hijos de Israel están libres para ir al encuentro de su destino.

Ésta es una lección muy poderosa acerca de dejar ir el pasado y seguir hacia adelante con nuestra vida. La enseñanza consiste en dos partes: primero, cree firmemente en que el Señor, el YO SOY de tu ser, va a trabajar por ti hoy —aquiétate y sabe; y la segunda parte es avanzar con fe y valentía.

La vara levantada es un símbolo de poder, no de poder mundano, sino del poder del Espíritu trabajando a través de ti a medida que propicias que este poder se manifieste. Este poder puede hacer aparentes milagros en tu vida. No clames al Señor por ayuda, por el contrario, reclama el poder creativo de Dios que ya está trabajando en tu vida, y luego avanza con fe, a pesar de los aparentes obstáculos.

El éxodo de Egipto fue un final. El relato del Éxodo es una representación arquetípica de los finales. Rica en simbolismo, esta narración es verdaderamente una mina de oro de

Verdad práctica. Vimos que Egipto no era, de manera inherente, un mal lugar; de hecho, en una época de la historia
de Israel fue un lugar muy bueno, los salvó del desastre.
Pero para los hijos de Israel su ambiente ya no les convenía,
les "quedaba pequeño". A nosotros, también, las circunstancias pueden "quedarnos pequeñas" —aunque una vez fueran
buenas— y nosotros, también, necesitamos un Moisés interior que nos guíe más allá de nuestra vida anterior. Como los
hijos de Israel, podemos murmurar y quejarnos, podemos
sentir miedo y ansiedad, podemos aferrarnos al pasado...
pero siempre el Señor de nuestro ser está allí, dirigiéndonos,
guiándonos, llamándonos hacia la libertad.

Resumen del capítulo

1. Nosotros los seres humanos heredamos patrones de memoria colectiva conocidos como "arquetipos". Éstos no son recuerdos personales, sino que pertenecen a toda la raza humana.

2. Estos recuerdos arquetípicos se pueden descubrir a través del estudio de sueños, mitos y escrituras antiguas, y también a través de la práctica de la oración y la meditación.

3. La narración bíblica del Éxodo está dentro de la memoria colectiva de nuestra cultura; como tal, es más que sólo historia, es una historia que vive en cada uno de nosotros.

4. La primera lección que aprendemos de esta narración es que el poder transformador del proceso de transición no consistía en nuestra llegada a un destino sino en la experiencia del proceso en sí.

5. La narración del Éxodo revela sus lecciones a través del simbolismo.

6. Los israelitas eran esclavos de los egipcios. Originalmente se asentaron en Egipto en respuesta a una crisis en su tierra. (Ver Gn. 41:54-57, 42:1-5.)

7. Lo que nos salva en un punto de nuestro viaje puede aprisionarnos más tarde. (Ex. 1:8-14). Cuando niños, formamos ciertos patrones de pensamiento, sentimiento y comportamiento para satisfacer nuestras necesidades; cuando llegamos a adultos, estos mismos patrones pueden mantenernos en servidumbre.

8. El líder del Éxodo fue un hombre llamado Moisés. La historia del nacimiento de Moisés sigue el patrón del arquetipo del "niño divino" . Esto representa la expresión fresca, inocente, creativa de nuestro Ser verdadero. El "faraón" dentro de nosotros (el ego) busca destruir esta nueva vida. (Ver Ex.1:1-22, 2:1-10.)

9. Motivado por la ira, Moisés mató a un egipcio y trató de

enterrar el cuerpo. Descubrió que lo habían visto y tuvo que abandonar Egipto. Nosotros, también, podemos tratar de "enterrar el pasado", pero en última instancia "todos los secretos serán descubiertos". Cuando esto sucede, puede precipitar una transición para nosotros también.

10. *El Señor (YO SOY el que SOY) se le apareció a Moisés y le dijo que éste iba a llevar a su pueblo fuera de Egipto a la Tierra Prometida. Moisés finalmente (y con cierta renuencia) accedió. (Ver Ex. 3:1-22; 4:1-17.) El Señor de nuestro ser es quien nos guía fuera de nuestra esclavitud; si se nos identifica con el ser personal (como Moisés), nosotros también podemos sentir que no somos los adecuados para la tarea.*

11. *Egipto representa la vida que aún no ha despertado, la vida regida por condiciones externas. El Faraón, quien rige este mundo, representa el ego personal. Y al igual que el Faraón, a menudo, sólo cuando hemos sido plagados con gran sufrimiento es que el ego entrega el control y podemos oír la voz del Señor (YO SOY) (Ver Ex. capítulos 5 al 12.)*

12. *El Faraón cambió de opinión y persiguió a los hijos de Israel. La vieja realidad no se olvida fácilmente; justo cuando pensamos que por fin vamos a dejar ir, ¡aquí viene de nuevo! Atrapados entre recuerdos de un pasado que se fue y un futuro incierto, podemos sentir ansiedad y pesar. (Ver Ex. 14:1-12.)*

13. *La solución la da la narración. (Ver Ex. 14:13-16.) Ésta es una lección muy poderosa, consiste de dos partes: primero, manténte firme en el saber que el Señor (YO SOY) trabaja por ti hoy, y luego marcha hacia adelante con fe y valentía.*

14. *El relato del Éxodo es un relato arquetípico de los finales. Como los hijos de Israel, nosotros también podemos elevarnos sobre las circunstancias y, también, necesitamos un Moisés interior para que nos guíe fuera de nuestra vida anterior. El Señor está allí siempre, guiándonos hacia adelante, hacia la libertad.*

Capítulo 6

El vacío

Dices que estoy repitiendo
algo que he dicho antes. Lo diré
  de nuevo.
¿Debo decirlo de nuevo? Para llegar allí,
para llegar donde tú estás, para llegar desde donde
      tú no estás,
    debes tomar un camino por donde no hay
      éxtasis.
Para llegar a lo que no conoces
    debes ir por un camino que es el camino de
      la ignorancia.
Para poseer lo que no posees
    debes ir por el camino del desposeimiento.
Para llegar a ser lo que no eres
    debes atravesar el camino en el que
      no estás.
Y lo que no sabes es lo único
      que sabes
y lo que posees es lo que no posees
y donde estás es donde no estás.

— T. S. Elliot[1]

En la etapa del Final, estamos preocupados por "lo que una vez fue y ya no es". En tales momentos puede que estemos luchando con un sinnúmero de sentimientos: miedo, enojo, confusión, quizás culpa o remordimiento, y a la larga, aflicción. Los Finales a menudo son etapas tumultuosas, a veces semejantes a un terremoto. El Vacío, por el contrario, es ausencia de todo, inanimado, carente de todo lo que parece sólido o definido. Si un Final pudiera compararse con un terremoto, el Vacío podría compararse al estar perdido en el desierto o a la deriva en un mar infinito. En el Vacío, el tiempo y el espacio parecen perder su realidad anterior; el ser parece un fantasma — un espíritu de una encarnación anterior; la vida se siente inanimada, y vacía, nada parece ser completamente real. Cada intento de "salir de ella" o de "volver a nuestro juicio" a la larga resulta inútil; es como tratar de remendar un huevo roto.

El Vacío aviva nuestros temores más profundos de impotencia, de abandono, de muerte. En verdad, la mayoría de nosotros haríamos *cualquier cosa* por evitar estos sentimientos. El evitar estos sentimientos es lo que está detrás de muchos de nuestros patrones de conducta inapropiados y adictivos. Estas conductas son defensas, pero en el Vacío, parece que existe poco deseo de defendernos. En consecuencia, podemos sentirnos vulnerables, y en cierto sentido *somos* vulnerables debido a que las defensas anteriores de nuestro ego se han debilitado.

Con los límites del ego debilitados o inexistentes, el inconsciente puede invadir el consciente con sentimientos, pensamientos e imágenes extraños y desconocidos. ¡Éste no soy yo! es una respuesta común a estos intrusos foráneos. Algunas veces los "visitantes" pueden aparecer en la forma de sentimientos, deseos e imágenes negativas; por otro lado, podemos tener encuentros con imágenes y sentimientos muy positivos y poderosos que a veces parecen de origen sobrenatural.

En los ritos de iniciación tradicionales, es en el Vacío, el "no mundo" entre mundos, que el iniciado encuentra al Ser transpersonal. Esto podría aparecer en la forma de un animal poderoso, un espíritu guía, un símbolo de curación. A través del contacto con este Ser superior, el iniciado es investido con nuevos poderes que a la larga le servirán a toda la tribu. Sin embargo, antes de recibir este poder él debe enfrentar los "demonios" dentro de él, los aspectos oscuros y reprimidos de la conciencia que se deben enfrentar y vencer. Al iniciado se le reta a que haga uso de sus más íntimos recursos para sobrevivir esta severa prueba.

También podemos sentirnos retados a hacer uso de nuestros más íntimos recursos durante las épocas de transición. No importa cuán difícil pueda ser este período, puede ser enormemente poderoso: una oportunidad de apertura a una nueva libertad y nuevas facultades, de profunda curación, una oportunidad de transformación. Para obtener el beneficio completo de este período es necesario apreciar la necesidad de esta fase de nuestra experiencia de la vida, verla dentro del contexto de una visión más amplia que nos permite ver más allá de las limitaciones del ser anterior.

En el Vacío, sin las formas y estructuras conocidas, nuestra vida puede sentirse árida y vacía. Sin embargo, ésta puede ser una maravillosa oportunidad para ver nuestra vida —y nuestro ser— desde una nueva perspectiva. En épocas de aridez, puede que veamos lo que anteriormente estaba escondido de nuestra vista. Una vez, durante mi propia experiencia del Vacío, yo caminaba a través de un bosque un día de invierno, cuando me di cuenta de cuán desolado y árido estaba; los árboles desnudos en medio de la tierra cubierta de nieve. Había una callada tristeza presente en el bosque, una sensación de vacío. Sin embargo, me impresionó la belleza única del bosque en invierno y el hecho de que ahora yo podía ver mucho más lejos y más claramente que durante la exuberancia del verano. Entonces me di cuenta de que en este "invierno" de mi vida, esta etapa de vacío, tuve la oportunidad de ver más claramente lo que estaba oculto de mi vista anteriormente. En el vacío se nos da la oportunidad de ver lo que no es visible a ojos que tienen delante el velo de alrededores conocidos.

De la misma manera como hay estaciones en la naturaleza que dan paso la una a la otra, así hay estaciones del alma a medida que ésta viaja a través del tiempo y el espacio. Así como a cada invierno lo sucede la primavera, del mismo modo a cada muerte la sucede un Nuevo Comienzo.

Khalil Gibran escribe:

Y si tú pudieras mantener tu corazón maravillado ante los milagros diarios de tu vida, tu dolor no parecería menos maravilloso que tu gozo;

y aceptarías las estaciones de tu corazón como siempre has aceptado las estaciones que pasan sobre tus campos.[2]

Cada estación de nuestra vida debe respetarse. Estas etapas pueden enseñarnos mucho si escuchamos. Sin embargo, nosotros en el mundo occidental tenemos temor de la estación de vacío: no confiamos en ella, tratamos de llenarla con algo o tratamos de encontrar una distracción.

Culturalmente tendemos a ver el crecimiento como un proceso adictivo, un movimiento que siempre se expande más y más —y más. Raramente pensamos en el crecimiento en términos de dejar ir; sin embargo, dejar ir es un paso esencial en el crear de nuevo, es una parte vital de cualquier proceso creativo. En el relato bíblico de la creación, "La tierra estaba desordenada y vacía, y las tinieblas estaban sobre la faz del abismo" (Gn. 1:2). La creación comienza con el vacío. La nueva vida surge del vacío.

El nuevo ser nace de su vacío y oscuridad. En su libro *Woman and Nature* (La mujer y la naturaleza), Susan Griffin escribe:

Si admitimos la noche, si admitimos que ella está
en la oscuridad para poder existir, este conocimiento
para lo cual no tenemos nombre todavía: lo que somos.
Oh, este conocimiento de lo que somos se está acla-
rando.[3]

El Vacío puede ser una etapa en la que cambiamos la piel
de nuestra identidad anterior —el falso ser que hemos sido
condicionados a creer que es "yo"— y tener más claridad
acerca de quiénes somos realmente. Puede ser una muerte
del antiguo ser mortal y el renacer al Ser eterno. Wu Ming
Fu, poeta y filósofo chino, escribe:

> La semilla que está lista para crecer
>   debe dejar de ser semilla;
> y los que se arrastran
>   deben graduarse de
> crisálida a criatura alada.

> ¿Te aferrarás entonces, oh mortal,
>   a cáscaras que
>   falsamente te parecen
>   el ser?[4]

En muchas filosofías orientales, el vacío se considera la
realidad subyacente detrás del universo de los fenómenos.
Los maestros de meditación budista a menudo se refieren al
"sagrado vacío" como el estado donde conocemos nuestra
propia naturaleza. Las enseñanzas taoístas hacen énfasis en
que hay que vaciarse, dejar ir absolutamente todo para experimentar el Tao, la realidad última. Lao Tsu, autor del *Tao te
ching*, escribe: "En la búsqueda del aprendizaje, se adquiere
algo cada día. En la búsqueda del Tao cada día se deja ir

algo".[5]

Ciertos místicos occidentales también han enseñado el valor de vaciarse y entrar en un estado de la nada. El místico alemán del siglo trece, Meister Eckhart, escribe: "A Dios no se le encuentra en el alma añadiendo algo, sino por un proceso de substracción".[6] Y San Juan de la Cruz, místico español del siglo dieciséis, escribe:

> Para alcanzar la satisfacción en todo
> desea su posesión en nada.
> Para llegar a poseer todo
> desea la posesión de nada.
> Para llegar a ser todo
> desea ser nada.
> Para llegar al conocimiento de todo
> desea el conocimiento de nada.[7]

Para llegar a ser quienes realmente somos, debemos dejar ir lo que no somos. Dejando ir lo que no somos, entramos en la experiencia de la nada, del no ser. Al permitirnos la experiencia del no ser, nos adentramos más completamente en nuestro verdadero ser. El Vacío es un paso para llegar a estar verdaderamente vivo y plenamente despierto. Como Lao Tsu ha escrito: "Morir pero no perecer es estar presente eternamente".[8] En tiempo de transición personal, durante un período de profundo vacío, yo escribí lo siguiente:

> Vaciándome...
> Hundiéndome aún mas profundamente
> en la oscuridad... en el Vacío;
> sin forma...
> despojado de toda la piel...
> de pie desnudo en el vacío del

no ser;
aún más profundo...
    dentro de la nada... más allá de la forma...
    más allá de lo amorfo;
sin movimiento... sin deseo... sin sonido...
    silencio puro... más allá del silencio...
    más allá de la muerte...
a la vida: el Origen... la Fuente;
¡a la Nueva Creación!

A menudo individuos en transición preguntarán: "¿Qué debo hacer con el Vacío? ¿Qué pasos prácticos debo tomar para que me ayuden a través de este proceso?" Vamos a dedicar el resto de este capítulo a responder estas preguntas.

• Como afirmación general: En el Vacío, la salida es la entrada; el camino más rápido a través del Vacío es vivir cada experiencia plenamente ... y después dejarla ir. Aquello a lo que nos resistimos persistirá. Métete de lleno, plenamente, en cada sentimiento y cada experiencia, pero trata de no perderte en ninguna de ellas.

• Si es posible, evita tomar decisiones importantes o hacer compromisos a largo tiempo. En este punto, nuestras emociones son tan volátiles y nuestras perspectivas tan cambiantes que podemos encontrar que ¡la "persona" que tomó la decisión puede no ser la misma persona que va a tener que vivir con ella!

• No trates de "forzar el río". No trates de acelerar tu proceso o hacer que ocurra algo. Acepta cada día como viene. No trates de reconstruir el pasado o de regresar al antiguo estilo de vida. ¡Probablemente no funcionaría si trataras!

• Establece períodos para orar y meditar todos los días.

• Confía en Dios. Confía en tu propia Sabiduría interior. ¡Confía aun cuando te sientas sin esperanzas!

• Cuídate físicamente. Estas etapas pueden ser períodos de mucha tensión. Come comidas saludables; haz ejercicio con reguralidad; descansa mucho.

• Pon atención a tus sueños. Ésta puede ser una etapa de sueños vívidos y poco comunes. Lleva un diario personal de ellos.

• Desarrolla un sistema de apoyo. Éste podría incluir un consejero, amigos, familia, un grupo de apoyo. Consigue a alguien con quien puedas compartir tus pensamientos y sentimientos más íntimos. Escoge a alguien con quien te sientas seguro.

• Crea algún tipo de ritual que simbolice tu paso de la vida anterior a la nueva. Esto puede hacerse sólo o con amigos en los que confíes. Expresa tus sentimientos de forma creativa, esto puede ser a través de la poesía, el arte, la música, la danza, el canto. Encuentra maneras de expresar tus sentimientos más profundos —cualesquiera que puedan ser.

Resumen del capítulo

1. A menudo un Final es un período de agitación y confusión; el Vacío es un período de futilidad y monotonía.

2. En el Vacío, el tiempo y el espacio parecen perder su realidad, el ser parece un fantasma.

3. El Vacío toca nuestros temores más profundos; la mayoría de las personas harían cualquier cosa para evitar estos sentimientos.

4. En el Vacío, el inconsciente puede invadir la conciencia con sentimientos e imágenes muy extraños.

5. En los ritos de iniciación, el iniciado viene al encuentro de su poder transpersonal en el Vacío, pero primero debe enfrentar el lado oscuro de sí mismo. Se le pone a prueba al máximo.

6. Éste puede ser un período difícil en la vida pero muy importante —una oportunidad para una nueva libertad y mayores facultades, una etapa de transformación.

7. Así como hay estaciones en la naturaleza, hay estaciones del alma —períodos cuando algo "muere" y renace.

8. Cada estación debe respetarse; podemos aprender mucho de cada una de ellas. Sin embargo, nosotros en el mundo occidental tememos a la estación del vacío; buscamos evitarla.

9. Toda creación comienza con la nada. De ella es que surge la nueva vida. El nuevo ser nace de la nada.

10. El Vacío puede verse como un período en el que cambiamos la piel de nuestro antiguo ser para llegar a ser más de lo que en realidad somos.

11. Muchos místicos —tanto orientales como occidentales— hacen énfasis en la importancia del "vacío sagrado".

12. El *Vacío* puede verse como un paso a estar realmente vivo y plenamente despierto.

13. Hay varios pasos prácticos que uno puede tomar para ayudarse en el viaje a través del *Vacío*. (Ver el apéndice.)

Capítulo 7

Vagando en el desierto

Volviendo a los hijos de Israel: los encontramos a salvo de todo peligro, habiendo escapado milagrosamente del Faraón y sus hombres, quienes se ahogaron cuando el Mar Rojo se dividió y se volvió contra ellos.

Así salvó Jehová aquel día a Israel de mano de los egipcios; e Israel vio a los egipcios muertos a la orilla del mar. Al ver Israel aquel gran hecho que Jehová ejecutó contra los egipcios, el pueblo temió a Jehová, y creyeron a Jehová y a Moisés, su siervo.

—Éxodo 14:30-31

Una vez que la celebración de haber sobrevivido "al Faraón y su pandilla" hubo terminado, los israelitas tuvieron que enfrentar la dura realidad de su presente situación: estaban en el desierto sin comida ni agua; no tenían idea de dónde iban; y prácticamente estaban indefensos contra cualquier fuerza hostil que pudieran encontrar. Además, los israelitas, habiendo vivido por muchas generaciones bajo el mando de los egipcios, no estaban familiarizados con la vida nómada del desierto. Moisés era el único que tenía "entrenamiento en el desierto", el cual había recibido de su propio viaje al mismo desierto. Pero Moisés tenía otro recurso invaluable: acceso directo al Señor, siendo esto lo que salvó a los hijos de Israel en muchas oportunidades.

Vamos a relacionar esos acontecimientos con nuestra propia experiencia en el desierto. En la etapa del Final, estamos preocupados por el pasado —¡con los "egipcios" que nos están persiguiendo! A la larga, los egipcios "se ahogan" a medida que aceptamos plenamente la experiencia del Final, y el pasado ya no es nuestra preocupación principal. ¡Esto trae buenas y malas noticias! La buena noticia es que ya estamos listos para el próximo paso en nuestro proceso de transición. ¡La mala noticia es que el paso siguiente a menudo es duro! Ahora entramos al desierto, al Vacío, y podemos sentirnos perdidos y vulnerables, como los hijos de Israel. Sin embargo, tenemos a "Moisés" dentro de nosotros —alguien que ha tenido "entrenamiento en el desierto". Este Moisés interno tiene acceso directo al Señor de nuestro ser —el YO SOY en cada uno de nosotros. Como los hijos de Israel, a menudo encontramos que esto es lo *único* que nos salva.

En el desierto, nuestra necesidad más crítica es agua. Cuando los israelitas descubrieron agua por primera vez, estaban en el desierto de Shur, en un lugar llamado Mara, pero no pudieron beberla porque era amarga. La gente murmuró contra Moisés (la primera de muchas "murmuraciones"), ¡olvidando rápidamente el "voto de confianza" que le habían dado tres días antes!

El Señor le mostró un árbol a Moisés y lo instruyó a que lo lanzara al agua, ¡y el agua se endulzó! Entonces el Señor hizo un pacto con los hijos de Israel:

> Si escuchas atentamente la voz de Jehová, tu Dios, y haces lo recto delante de sus ojos, y das oído a sus mandamientos, y guardas todos sus estatutos, ninguna enfermedad de las que envié sobre los egipcios traeré sobre ti, porque yo soy Jehová tu sanador.
>
> —Éxodo 15:26

Aquí vemos un patrón que se repite muchas veces durante la experiencia en el desierto: la gente pasa por una crisis, murmura contra Moisés, el Señor interviene y los salva, y entonces el Señor hace un pacto con el pueblo de Israel. A veces este pacto es una promesa incondicional y a veces la promesa es condicional —la condición generalmente es la obediencia al Señor.

Esta alianza tiene importancia con respecto a nuestro propio proceso de transición. El Señor simboliza el YO SOY en cada uno de nosotros: nuestra esencia divina. Si escuchamos la voz de este Señor interno —el "silbo apacible y delicado" de nuestra intuición— y seguimos la guía que recibimos, seremos inmunes a las "enfermedades" del ego (los egipcios). Verdaderamente este Señor morador es nuestro sanador; es el poder que nos lleva a la perfección. Cuando pretamos atencion y seguimos esta voz interna, nos liberamos de muchos males que plagan la conciencia egocéntrica.

En el Vacío, cuando todas las "reglas" normales han desaparecido, esta voz interna puede ser lo único que tengamos para guiarnos. Y a la larga encontramos que esta voz es infinitamente más confiable que todas las reglas que una vez usamos como guía. Y sin embargo, los israelitas también simbolizan una parte de nosotros, y como ellos, puede tomarnos tiempo hacerle caso a esta voz interna.

Los israelitas continuaron su viaje sin problemas en el desierto del Sinaí hasta el decimoquinto día del segundo mes en el desierto. Entonces surgió otra crisis: ¡No había comida! La gente murmuró de nuevo contra Moisés: "Los hijos de Israel les decían: —Ojalá hubiéramos muerto a manos de Jehová en la tierra de Egipto, cuando nos sentábamos a las ollas de carne, cuando comíamos pan hasta saciarnos, pues nos habéis sacado a este desierto para matar de hambre a toda esta multitud" (Ex. 16:3).

El Señor respondió a las necesidades del pueblo : "—Mira, yo os haré llover pan del cielo. El pueblo saldrá, y recogerá diariamente la porción de un día, para que yo lo pruebe si anda en mi ley, o no ... Al caer la tarde comeréis carne, y por la mañana os saciaréis de pan" (Ex. 16:4, 12).

Al caer de esa tarde varias codornices vinieron al campamento. Rápidamente la gente las atrapó y se las comieron. En la mañana un rocío cubrió el suelo. Cuando el rocío se evaporó quedó una sustancia extraña, que resultó ser comestible. Éste era el "pan del cielo" que les había sido prometido. Este "maná" apareció todos los días, con excepción del día de reposo, por los cuarenta años siguientes. Aunque no aparecía nada el día de reposo, el día anterior aparecía el doble de la cantidad acostumbrada. Y extraordinariamente, ¡el maná se descomponía si no se consumía el mismo día, con excepción de la cantidad adicional provista para el día de reposo!

El Señor guió a los hijos de Israel a través del desierto con una columna de humo por el día y una columna de fuego por la noche. Enfrentaron muchas pruebas y peligros, y sin embargo cada reto fue vencido por un "milagro" del Señor. Una vez estuvieron a punto de morir de sed, cuando el agua empezó a fluir de una roca que Moisés golpeó. En otra oportunidad, una tribu temible, conocida como los amalecitas, los atacaron. A pesar de todas las dificultades, ganaron la batalla —¡pero sólo cuando Moisés mantenía sus manos en alto!

En la incertidumbre del Vacío, tenemos la tentación de mirar hacia atrás, a épocas anteriores cuando las cosas parecían más seguras. La libertad del desierto puede perder su atractivo cuando nuestras necesidades no son satisfechas, y podemos arrepentirnos de la pérdida de una esclavitud conocida. Sin embargo, descubrimos que nuestras necesidades *son* satisfechas de una manera nueva y a veces inesperada si escuchamos y seguimos la voz del Señor morador.

También podemos recibir guía de maneras insólitas y sorprendentes —y a menudo cuando menos lo esperamos. Por ejemplo, podemos abrir un libro al azar y descubrir exactamente la respuesta que necesitamos, o una conversación informal con alguien puede revelarnos el discernimiento que guíe nuestro próximo paso. ¡Inclusive podemos ver aparecer nuestra respuesta en lugares tan inverosímiles como los rótulos con mensajes en los parachoques de los automóviles, en las vallas u oírla en la letra de una canción popular! Si preguntamos y escuchamos seremos guiados —de alguna manera. Es esencial que no solamente escuchemos, sino que también obedezcamos la orientación del Señor morador, porque *seremos* guiados por nuestro camino correcto.

En el tercer mes de su viaje, llegaron al desierto de Sinaí. El Señor llamó a Moisés a lo alto del Monte Sinaí y le dijo que les llevara este mensaje a los hijos de Israel: "Ahora, pues, si dais oído a mi voz y guardáis mi pacto, vosotros seréis mi especial tesoro sobre todos los pueblos, porque mía es toda la tierra" (Ex. 19:5-6).

El Señor le dijo a Moisés que descendería del monte a los tres días para hablar con él a la vista del pueblo. Después de tres días una nube espesa cubrió el monte; de la nube salieron rayos y truenos, y el sonido de una trompeta. Todo el monte se estremeció, y el pueblo tembló de miedo. El Señor llamó a Moisés a la cima del monte Sinaí y le dictó los diez mandamientos y varias otras leyes pertinentes a las prácticas relativas al culto del pueblo y a su vida diaria. Entonces el Señor prometió la victoria de los hijos de Israel sobre los habitantes de Caná, y también los previno de que no rindieran culto a los dioses de los Cananeos.

Cuando Moisés descendió, construyó un altar al pie del monte y festejó con los ancianos de la tribu. Entonces el Señor lo llamó de nuevo al monte para darle los mandamientos escritos en tablas de piedra. En esta oportunidad el Señor le dio a Moisés instrucciones detalladas para la construcción de un tabernáculo cuyos aposentos más íntimos albergarían las tablas donde estaban escritos los diez mandamientos. Moisés estuvo en el monte con el Señor cuarenta días. Entretanto, abajo, la gente se impacientaba; tenían miedo de que Moisés había desaparecido para siempre. Desesperados por liderazgo espiritual, fundieron el oro de sus joyas e hicieron un becerro de oro, al que comenzaron a adorar en medio de una gran juerga. Cuando al fin Moisés regresó y vio lo que estaba pasando, se encolerizó. ¡Tiró las tablas al suelo y las quebró en mil pedazos; fundió el becerro de oro, y cuando éste se enfrió, lo molieron hasta convertirlo en polvo y lo mezclaron con agua y él obligó al pueblo a beberlo!

A la larga, la gente se arrepintió, y el Señor escribió de nuevo los diez mandamientos en tablas de piedra que Moisés había cortado. Entonces la gente construyó el tabernáculo sagrado y el arca del testimonio según las instrucciones dictadas a Moisés. El arca del testimonio, que contenía las tablas de la ley fue colocada dentro del tabernáculo. La construcción se completó y entonces "una nube cubrió el Tabernáculo de reunión, y la gloria de Jehová llenó el Tabernáculo. ...

"Cuando la nube se alzaba del Tabernáculo, los hijos de Israel se ponían en marcha; pero si la nube no se alzaba, no se movían hasta el día en que ella se alzaba. Porque la nube de Jehová estaba de día sobre el tabernáculo, y el fuego estaba de noche sobre él, a vista de toda la casa de Israel. Así ocurría en todas sus jornadas" (Ex. 40:34, 36-38).

En este punto en la historia de Israel, su gente fue transformada, de una tribu de nómadas en una nación con una identidad, un pacto y una misión. El pacto en el Sinaí fue un acontecimiento histórico: dio a Israel los calificativos de "escogido" del Señor, de "gente santa" y de "reino de sacerdotes".

Podría decirse que ésta fue la experiencia de iniciación de

Israel. Como la mayoría de las iniciaciones, no fue fácil. Los israelitas experimentaron duda, miedo, confusión, regresión, y al final, arrepentimiento. La iniciación tiene lugar en el Vacío, a menudo ocurre en niveles profundos de la sique —desconocidos para la mente consciente. Aquí se siembran las semillas del renacer.

No listas todavía para dar fruto, sobreviene una lucha entre la conciencia nueva y la antigua. Puede que vacilemos, llenos de fe y de promesas un día, y al día siguiente nos encontramos adorando el "becerro de oro" del pasado. Adoramos este becerro de oro cuando la "mente vieja" asume el control, cuando regresamos a pensamientos negativos y contraproducentes, y a patrones de sentimientos y comportamientos creados en el pasado.

"¡Pensé que ya había superado esto!" es una frase muy común —generalmente dicha con gran mortificación. Encontramos que este "becerro de oro" debe "fundirse, convertirse en polvo y tragarse". Lo viejo debe soltarse, pero debemos aprender la lección de cada experiencia antes de soltarla completamente. No puede soltarse hasta que esté fundida y consumida en nuestra conciencia: debe ser transmutada y asimilada a través de la conciencia, la aceptación y el perdón.

Cualquiera que sea la regresión o demora que parezca que estamos experimentando, es muy importante que continuemos haciendo nuestro trabajo interno y teniendo fe. Lo que parece ser una regresión es una parte normal de cualquier proceso evolutivo. A la larga *recobraremos* nuestra conexión consciente con el Señor morador, y *seremos* guiados paso a paso a lo largo del camino.

El Señor ahora vivía entre la gente y los guiaba claramente a lo largo de la ruta que debían seguir. El Señor los guió al desierto de Parán —muy cerca de los límites de Caná, la

Tierra Prometida. Por instrucciones del Señor, Moisés envió a doce espías a Caná, a hacer un reconocimiento de la tierra para después reportar al pueblo de Israel. Un hombre llamado Josué, asistido por un joven llamado Caleb, guiaban el grupo de reconocimiento. Estuvieron ausentes cuarenta días.

Cuando regresaron, Josué y Caleb dieron su reporte: "Nosotros llegamos a la tierra a la cual nos enviaste, la que ciertamente fluye leche y miel. ... Pero el pueblo que habita aquella tierra es fuerte, y las ciudades muy grandes y fortificadas" (Núm. 13:27-28).

Pero los otros espías fueron mucho más pesimistas, y difundieron el miedo entre la gente:

—La tierra ... es tierra que se traga a sus habitantes. Todo el pueblo que vimos en medio de ella es gente de gran estatura ... éramos, a nuestro parecer, como langostas, y así les parecíamos a ellos (Núm. 13:32-33).

La gente estaba llena de miedo, y murmuraban contra Moisés. Muchos de ellos querían regresar a Egipto. Moisés rogaba a la gente que confiaran en el Señor, aunque sin resultado. ¡El Señor estaba irritado! Después de haber cumplido Sus promesas repetidamente, la gente todavía no confiaba en Él. Así que el Señor decretó:

Todo el número de los que fueron contados de entre vosotros, de veinte años arriba, los cuales han murmurado contra mí. Ninguno de vosotros, a excepción de Caleb ... y Josué ..., ninguno de vosotros entrará en la tierra por la cual alcé mi mano y juré que os haría habitar en ella. Vuestros hijos andarán pastoreando en el desierto cuarenta años, y cargarán con vuestras rebeldías, hasta que vuestros cuerpos sean consumidos en el desierto (Núm. 14:29, 33).

Pensar que iban a vagar en el desierto por cuarenta años era más de lo que muchos de ellos podían tolerar. Un grupo de israelitas decidió tomar el asunto en sus manos. A pesar de las advertencias de Moisés, sin el arca del testimonio, sin que el Señor los guiara, entraron a la tierra de Caná ... y fueron derrotados rápidamente. Muchos murieron ese día a manos de los amalecitas y cananeos.

Ninguno de los que dejaron Egipto siendo adultos, vivirían en la tierra prometida, con excepción de Josué y Caleb. El pueblo de Israel vagó en el desierto los cuarenta años siguientes.

Por fin, después de innumerables penurias y retrasos, los hijos de Israel, una vez más, llegaron tan cerca de la tierra de Caná que la podían ver. Toda la gente que había murmurado contra el Señor había muerto y estaba enterrada en el desierto. La vieja generación había muerto, y una nueva generación había nacido. Para este momento Moisés era un hombre muy viejo ... los días que le quedaban eran pocos.

Moisés reunió a la nueva generación de los hijos de Israel y les enseñó las leyes de Dios, y bendijo a cada una de las tribus. Luego Moisés entregó el liderazgo de la joven nación a Josué, quien a la larga fue quien los guió a la tierra prometida. El Señor llamó a Moisés al monte Nebo, desde donde él podía ver la tierra prometida. Moisés vio la tierra prometida, pero no viviría para poner pie en ella.

Moisés murió a la edad de ciento veinte años. El pueblo de Israel lloró por su amado líder. Sus descendientes le profesarían reverencia para siempre. Los últimos versículos del libro de Deuteronomio le rinden homenaje a este gran hombre: "Nunca más se levantó profeta en Israel como Moisés, a quien Jehová conoció cara a cara" (Deut. 34:10).

Los hijos de Israel estaban en el umbral de la tierra prometida pero todavía no estaban listos para entrar. Iba a ser una nueva generación de israelitas los que entrarían a la tierra prometida. Ni siquiera Moisés, su líder, entraría.

Si se toma literalmente, esto podría parecer muy injusto, sin embargo ilustra un principio importante: en el proceso de transformación, nada sucede antes de tiempo. El orden divino está activo en nuestro proceso de transición; un elemento esencial de este orden es el momento preciso.

No es poco común que en el Vacío encontremos la oportunidad para lo que parece ser un nuevo comienzo. Nuestro ser personal puede ansiar desesperadamente que algo suceda, y sin embargo, no sucede. Podemos estar tentados a tomar el asunto en nuestras manos y tratar de forzar la situación, pero como los hijos de Israel, esto sólo retarda nuestro progreso y puede crear aún más sufrimiento.

Los israelitas tuvieron que vagar por cuarenta años. El número *cuarenta* en la Biblia se refiere a "un período de tiempo necesario para prepararse para algo". No es para tomarlo siempre en sentido literal.

Simplemente, los israelitas necesitaban más tiempo para prepararse antes de entrar en la tierra prometida. La vieja generación tenía que morir; una nueva generación tenía que surgir. Por esto es que a veces tenemos que esperar más tiempo del que nos gustaría. Internamente, en las partes más profundas de nuestra sique, están sucediendo cambios —cambios de los cuales podemos no darnos cuenta. Una generación vieja de conciencia debe morir, y una nueva debe nacer. Esto requiere tiempo. ¿Cuánto? Simbólicamente cuarenta años. Para ser precisos, la única respuesta a esa pregunta es que requiere tanto tiempo como sea necesario.

Tanto estudiantes como eruditos de la Biblia han debatido mucho el por qué a Moisés no le fue permitido entrar a la tierra prometida. La respuesta más clara es que ésa no era su tarea. Su función era la de sacar a los israelitas de la esclavitud de Egipto, guiarlos a través del desierto y llevarlos *a* la tierra prometida. El nombre *Moisés* significa "sacar", y eso fue exactamente lo que él hizo. Moisés simboliza esa parte de nuestra conciencia que nos conduce fuera de la vida anterior, nos guía a través del Vacío y nos lleva a (no nos mete en) un Nuevo Comienzo.

Resumen del capítulo

1. *Habiendo escapado del Faraón, los israelitas están ahora enfrentados con la vida en el desierto, con poco en el sentido de provisiones o experiencia. Su recurso más importante era el acceso de Moisés al Señor. (Ver Ex. 14:30-31.)*

2. *En la etapa del Final, estamos preocupados con el pasado. Con el tiempo, el pasado ya no es nuestro objetivo primario, y nos movemos a la fase siguiente del proceso: el Vacío. Aquí nos podemos sentirnos perdidos y vulnerables; sin embargo, tenemos acceso directo al Señor de nuestro ser — el YO SOY.*

3. *Los israelitas encuentran agua que no se puede tomar, hasta que el Señor interviene con un milagro: el Señor entonces hace un pacto con los israelitas. (Ver Ex. 15:22-26.)*

4. *En el Vacío nuestras acostumbradas guías de vida han desaparecido. Puede que sólo tengamos la voz interna del YO SOY para guiarnos. En última instancia, esto es todo lo que necesitamos.*

5. *Los israelitas enfrentan otra crisis: ¡no hay comida! El Señor interviene, proveyendo maná y codornices. El Señor continúa guiando y protegiendo a los hijos de Israel, a menudo de maneras poco acostumbradas. (Ver Éxodo, capítulos 16 -17.)*

6. *El Señor llama a Moisés a lo alto del monte Sinaí para hacer otro pacto —uno que incluye los diez mandamientos. Mientras Moisés está lejos, la gente abandona al Señor y adora a un becerro de oro. Cuando Moisés regresa se encoleriza y rompe las tablas de la ley. A la larga la gente se arrepiente y se crean nuevas tablas. (Ver Éxodo, capítulos. 19-40.)*

7. *La iniciación de Israel se llevó a cabo en el desierto; nuestra iniciación se lleva a cabo en el Vacío. No es un proceso fácil, podemos luchar y tener regresiones mientras vacilamos entre*

la vida anterior y la nueva. Ésta es una parte natural del proceso evolutivo; gradualmente, la vida nueva echa raíces.

8. Los israelitas fueron guiados cerca de la tierra de Caná. Josué, Caleb y otros exploraron la nueva tierra. Algunos de los espías trajeron reportes muy descorazonadores. La gente estaba temerosa y murmuraba contra Moisés. Encolerizado, el Señor decretó que nadie mayor de veinte años (excepto Josué y Caleb) viviría para ver la tierra prometida; estaban destinados a vagar en el desierto por cuarenta años más. (Ver Números, capítulos 13-14.)

9. Después de vagar cuarenta años, los israelitas regresaron a la orilla de la tierra prometida. La generación anterior había muerto. Moisés era un hombre muy viejo. Él bendijo a todas las tribus y concedió el liderazgo a Josué. Moisés murió sin entrar a la tierra prometida. (Ver Dt. 31:14-30; capítulos 32-34.)

10. En el Vacío podemos encontrar lo que parece ser un nuevo comienzo antes de que estemos listos. Si tratamos de forzar la situación, esto sólo lleva a más sufrimiento. Una "generación vieja" de conciencia debe morir antes de que estemos listos para dar el próximo paso.

11. Moisés había cumplido su propósito, que fue el de conducir a los israelitas fuera de Egipto, guiarlos a través del desierto y llevarlos al umbral de la tierra prometida. Su función no era llevarlos dentro de la nueva tierra; esta tarea se le dio a Josué, el nuevo líder.

Capítulo 8

Nuevos comienzos:
¿La Tierra Prometida?

Aprendí esto, al menos, en mi experimento: si uno avanza con confianza en la dirección de sus sueños, y se esfuerza en vivir la vida que ha imaginado, se topará con un éxito inesperado en horas ordinarias. Dejará atrás algunas cosas, atravesará un lindero invisible; leyes nuevas, universales y más liberales comenzarán a establecerse a su alrededor y en su interior; o las antiguas leyes se expandirán y se interpretarán en su favor en un sentido más liberal, y vivirá con la libertad de un nuevo orden de seres.

—Henry D. Thoreau[1]

Habiendo experimentado el Final y el Vacío, por fin estamos listos para el Nuevo Comienzo. Podemos tender a pensar en un Nuevo Comienzo en términos de un cambio externo, pero en realidad comienza como una experiencia interna. Puede experimentarse como un sutil cambio interior: un nuevo sentido de disposición, un despertar interior. A veces nuestros sueños presagian el Nuevo Comienzo. Los sueños acerca de nacimientos, mudarse a una nueva casa, descubrir algo nuevo, a menudo son señales de que está surgiendo una nueva vida.

Por otro lado, podemos no darnos cuenta del Nuevo Comienzo hasta que haya un cambio externo en nuestra vida. Las señales internas pueden ser tan sutiles que nuestro estado consciente no las reconoce. Entonces despertamos al Nuevo Comienzo por un cambio en nuestro mundo exterior —quizás un cambio súbito e inesperado. El cambio externo puede ocurrir aun antes de que nos sintamos listos; podemos sentirnos incapaces o no preparados para la oportunidad que tenemos ante nosotros.

Cuando un Nuevo Comienzo tiene lugar, las circunstancias externas de nuestra vida reflejan la transformación interna que ya ha sucedido. En los ritos de iniciación tradicionales, el iniciado recibe nuevos poderes a raíz de su encuentro con fuerzas que van más allá de lo personal y luego regresa a la tribu como una persona distinta, preparada para usar este nuevo poder para servir al bien mayor. En el Nuevo Comienzo, nosotros también "regresamos" investidos con sabiduría y fortaleza adquiridas como consecuencia de nuestro encuentro con el Ser transpersonal —el YO SOY interno. Este encuentro tiene lugar durante la experiencia en el desierto— en la nada del Vacío. Nosotros también usaremos este nuevo poder para beneficio de nuestro mundo, cualquiera que sea "nuestro mundo". Encontramos que esta nueva sabiduría y este nuevo poder no se nos dan solamente para nuestro propio beneficio, sino para que sirvamos a otros de alguna manera.

El Nuevo Comienzo externo puede ocurrir antes o después que nos sintamos listos para él; puede ser esperado o inesperado. Y sin embargo, a medida que oramos por guía y orden divino, confiando en que Dios trabaja en nuestra vida, el Nuevo Comienzo ocurre exactamente a su debido tiempo y de la manera correcta. Y daremos la talla con cualquier tarea que la vida nos depare, porque nunca se nos da un reto que esté más allá de nuestra habilidad de vencerlo.

Una de las mejores maneras de prepararse para un Nuevo Comienzo es descubrir el deseo más profundo de tu alma. Un Nuevo Comienzo verdadero será algo de la expresión de este deseo. ¿Y cómo descubrimos nuestro deseo del alma? Ésta es una tarea estrictamente personal, así que es difícil dar una "fórmula". Sin embargo, hay algunas preguntas que te puedes hacer para facilitar este descubrimiento:

¿Qué es lo que siempre me ha gustado hacer?

¿Qué es lo que siempre me ha sido fácil de hacer?

¿Hacia qué me he sentido atraído de manera natural?

¿Qué haría si no tuviera que preocuparme por dinero?

¿Qué haría si supiera que no puedo fallar?

¿Si me fuera a morir hoy, qué sentiría que está sin terminar en mi vida?

¿Qué es tan importante para mí que arriesgaría todo para alcanzarlo o experimentarlo?

Y hay un ejercicio que puedes hacer:

Imagina que toda tu vida hasta ahora, incluyendo tu identidad como ser humano, fuera simplemente una historia que fue escrita por otra persona. De ahora en adelante, tú puedes escribir el resto de esta historia. Tú puedes diseñar el resto de tu vida. Y puedes escribir tu propia identidad. ¿Qué serías? ¿Cómo sería tu vida? ¿Cómo terminaría la historia?

Una pregunta que surge a menudo sobre este tópico es si uno debe o no concentrarse en resultados específicos. Unos dicen que la mente subconsciente necesita imágenes muy específicas con las cuales trabajar en el proceso de manifestación. Otros dicen que es mejor no ser demasiado específico porque podemos estar limitando nuestro bien —Dios puede tener una idea mejor que la que nosotros tenemos.

Quizás el mejor enfoque es ser específico acerca de la naturaleza y calidad de la experiencia que deseamos, pero no serlo mucho acerca de la forma en particular que debe tomar. El deseo de nuestra alma es expresarse de alguna manera única. Es importante para nosotros determinar *qué* es lo que busca expresión. Específicamente, *cómo* va a ocurrir esto puede dejarse en manos del orden divino.

En mi propia vida, hubo un tiempo en el que me fue

necesario dejar ir todos los apegos materiales y dejar todo en manos de la *voluntad* de Dios. Esperé únicamente que Dios me dijera qué hacer. Esperé varias semanas a que me llegara mi "guía", sin oír nada. Por fin un día, estando en oración, vino la respuesta. La respuesta era una pregunta: ¿Qué es lo que *tú* quieres hacer?

Me di cuenta de que el deseo más profundo de mi alma era enseñar —enseñar las verdades espirituales que había aprendido y continuar aprendiendo en mi experiencia de la vida. Quería enseñar por medio de seminarios y charlas y también a través de escritos y asesoramiento espiritual. No tenía idea de cómo iba esto a ocurrir, ni tampoco me preocupaba. Después de determinar la naturaleza esencial de lo que deseaba, dejé que Dios determinara la forma y el momento.

Una vez que me decidí respecto a qué camino tomar y me comprometí a hacer lo necesario para implementar esta decisión, sentí que algo ocurría en mi vida. Esto fue lo primero en una serie de pasos que me llevaron a mi vida actual. En mi vida actual, por cierto, enseño —por medio de seminarios y charlas— como también con escritos y asesoría espiritual. Y en verdad, Dios *tenía* un plan mejor que el que yo jamás hubiera podido concebir.

Entregar nuestra voluntad personal a la voluntad mayor no siempre excluye la necesidad de tomar nuestras propias decisiones. Creo que para mí fue necesario formular mis deseos y dejar ir los resultados. Pareciera que el patrón del proceso es dejar ir y entregarnos, elegir y hacer compromisos, y luego dejar ir y entregarnos de nuevo. Estamos en sociedad con lo divino: a veces debemos guiar, y a veces debemos ser guiados.

A veces podemos intentar un comienzo externo antes de estar listos internamente. Podemos sentirnos incómodos en el Vacío y ansiosos de "seguir con nuestra vida", y con el poder de nuestra voluntad personal, podemos *hacer* que suceda algo. Entonces lo que hemos creado no es un Nuevo Comienzo sino un "seudocomienzo". Un *seudocomienzo* no es vivir una nueva vida, sino simplemente vivir la vida anterior de una nueva forma. Un cambio externo no es necesariamente un Nuevo Comienzo. Por ejemplo, una persona puede divorciarse de su cónyuge y casarse con otra persona, y aún tener, esencialmente, el mismo tipo de relación.

Podríamos decir que "Es el mismo baile ... con un compañero o compañera diferente". Un Nuevo Comienzo es un "baile" nuevo, ¡aunque sea con el mismo compañero o compañera!

Una pregunta que puede surgir es: ¿Cómo puedo diferenciar entre un Nuevo Comienzo verdadero y un seudocomienzo? Puedes examinar tus deseos por el Nuevo Comienzo. Este deseo puede ser lo que Ken Keyes, Jr. llama una "adicción" o puede ser una "preferencia". Keyes define una adicción como "una petición o deseo, respaldado por una emoción, de algo que te dices a ti mismo que debes tener para ser feliz". Por el otro lado, una preferencia es "un deseo que ni te molesta ni te hace sentir infeliz si no lo satisfaces".[2]

Si eres "adicto" al Nuevo Comienzo, entonces deberías examinar la adicción antes de que te inquietes con el Nuevo Comienzo. Si estás convencido de que el Nuevo Comienzo va a hacerte feliz, ¡piénsalo de nuevo! Si eres infeliz en el Vacío, serás infeliz en el Nuevo Comienzo. Nada fuera de ti puede hacerte feliz (o infeliz).

Repitiendo algo que dijimos en un capítulo anterior: la vía más rápida fuera del Vacío es *a través* de él. Necesitamos estar en paz con cada experiencia del momento presente. Cada experiencia necesita ser respetada y ser vista como nuestra maestra. Tratar de "apurar el proceso" a la larga resulta en más sufrimiento.

Un Nuevo Comienzo verdadero ocurrirá sólo después que hayamos completado el trabajo interno que es parte de las etapas previas. Y cuando estemos listos internamente, encontraremos una manera de crear el comienzo externo, o quizás podríamos decir que él nos encontrará a nosotros.¡Hay una sincronía fascinante entre nuestro mundo interno y externo! Los Nuevos Comienzos a menudo suceden de manera inesperada. Algo que parece ser un error o hasta un fracaso puede que haga surgir el comienzo externo. Lo mejor es estar listo, pero no ansioso; estar alerta, pero no voluntarioso. Continúa orando, confiando y sabiendo que tu vida *está* en orden divino.

Al igual que en las otras etapas, un Nuevo Comienzo trae su propio conjunto de retos. Es un cambio, y recuerda, no importa cuánto queramos cambiar conscientemente, casi siempre hay una parte de nosotros que no quiere cambiar. A veces nos resistimos inconscientemente al Nuevo Comienzo. Un Nuevo Comienzo nos coloca en territorio desconocido; no tenemos mucha experiencia con esta nueva manera de vida. Podemos sentirnos inseguros de nosotros mismos, quizás algo torpes y vulnerables. Como Moisés, podemos tener miedo de no estar preparados o no ser los adecuados para la tarea que tenemos por delante.Esta ansiedad puede aparecer en nuestros sueños como situaciones en las cuales somos llamados a llevar a cabo algo para luego darnos cuenta de que no estamos preparados, ¡hemos llegado tarde o no estamos vestidos adecuadamente!

Un Nuevo Comienzo conlleva la necesidad de nuevos compromisos —¡algo que no siempre es fácil de hacer! Un compromiso nos reta a llevar a cabo hechos concretos —a "hacer lo que decimos". Esto requiere disciplina, y a menudo sacrificio.

Por ejemplo: el compromiso de llegar a ser músico o atleta

significa muchas horas de práctica —practicar hasta cuando no queremos hacerlo. Significa renunciar a las actividades en las cuales estaríamos involucrados si no tuviéramos que practicar. El compromiso de casarse con alguien significa renunciar a todas las posibilidades de casarse con otra persona. ¡Significa respetar el compromiso del matrimonio aun cuando desearías no estar casado!

Un verdadero compromiso no es una obligación para con algo o alguien fuera de ti mismo, sino más bien es un compromiso contigo mismo. Es un acuerdo contigo mismo de que renunciarás a algo de libertad en algún área de tu vida para enriquecer otras, y a la larga, generar aún más libertad.

Hacer un compromiso trae consigo la posibilidad de fracasar. Éste puede desatar cualesquiera temores que tengamos referentes al fracaso. Puede evocar algunos recuerdos del pasado que no han sido sanados. Un compromiso significa estar dispuesto a arriesgarse para invertir en algo en lo que uno cree. No enfrentar nunca el miedo al fracaso es nunca hacer un compromiso.

Un compromiso puede tocar nuestro miedo al rechazo. Cada vez que tomamos partido por algo, encontramos que alguien puede no estar de acuerdo con nosotros. Hacer un compromiso significa estar dispuestos a enfrentar la crítica. Podemos encontrar que alguien de nuestra familia, amigos o colegas no respaldan nuestros nuevos compromisos —e inclusive se oponen a ellos.

Dado el potencial de penurias que trae consigo, podemos estar tentados a eximirnos de hacer nuevos compromisos, sin embargo solamente a través de ellos puede ocurrir un Nuevo Comienzo. Un verdadero compromiso es una decisión que pone en movimiento fuerzas poderosas.

W. H. Murray era un alpinista que guió una expedición a la cima del monte Everest —¡esto no es algo que se hace sin un compromiso! Un afiche que vi lo citaba diciendo:

Mientras que uno no se comprometa hay una oportunidad de vacilar, de retractarse, siempre ineficacia. En todo lo concerniente a los actos de iniciativa, hay una verdad elemental, la ignorancia de la cual mueren muchas ideas y muchos planes: en el momento en que uno se compromete definitivamente, entonces la Providencia se mueve también. Ocurren todo tipo de cosas para ayudarte, que de otra manera no hubieran ocurrido. Un torrente de acontecimientos emana de esta decisión, poniendo a nuestro favor todo tipo de acontecimientos imprevistos, encuentros y ayuda material, que ningún hombre podría haber soñado recibir.

El comprometerse es aceptar responsabilidad de ser un creador en nuestra vida. Significa estar dispuesto a ser una causa en vez de una reacción a las circunstancias de nuestra vida. Nada grande ha sido logrado sin compromiso.

Por último, observamos que no todos los Nuevos Comienzos traen como consecuencia cambios dramáticos en nuestra vida exterior. A veces una transición puede traer consigo un cambio interno profundo y, sin embargo, nos regresará a circunstancias externas diferentes a las anteriores. Hay un dicho de la religión Zen que reza:

Antes la iluminación —todo el día: corta leña, lleva agua. Después de la iluminación —todo el día: corta leña, lleva agua.

A la larga, podemos encontrar que muy poco ha cambiado externamente, pero *internamente,* ya no estamos viviendo en el mismo mundo. Podemos encontrarnos involucrados en las mismas actividades externas, pero experimentarlas de una manera totalmente nueva. El poeta T.S. Eliot describe la esencia de esta experiencia:

> Y el propósito de toda nuestra exploración
> será llegar donde comenzamos
> y ver el sitio por primera vez.[3]

Regresando una vez más a nuestro relato bíblico, encontramos que después de muchas fieras batallas, los hijos de Israel finalmente conquistan la Tierra Prometida. Y vemos que fue Josué, no Moisés, quien guió la conquista. Josué era un líder militar, un guerrero, hombre de acción. Esto nos dice que se requiere un nuevo arquetipo en nuestra conciencia para guiarnos al Nuevo Comienzo. Debemos despertar este "guerrero interior". Este guerrero es el que personifica las cualidades de fortaleza, valor, disciplina —y compromiso.

La palabra *Josué* es la versión hebrea de la palabra griega *Jesús*. Este nombre se deriva de la palabra *Jehová*, que significa "Yo soy el que Yo soy". el Señor de nuestro ser. Jesús representa la expresión más completa del "YO SOY".[4]

Históricamente, tanto Josué como Jesús fueron líderes, llevando a sus seguidores a territorios nuevos: Josué en el sentido físico, Jesús en el sentido espiritual. Tanto Josué como Jesús representan la conciencia del Nuevo Comienzo, de la Nueva Vida. Josué nos guía a la Tierra Prometida del Nuevo Comienzo. Jesús nos guía al reino celestial —el estado de conciencia espiritual siempre en expansión. Jesús nos guía al Nuevo Comienzo supremo, que es la conciencia de que somos seres espirituales pasando por una experiencia humana, en verdad, siempre uno con Dios —el Padre interno.

Resumen del capítulo

1. *Un Nuevo Comienzo empieza como una experiencia interna, a menudo muy sutil. Podemos detectar las señales internas o podemos no estar conscientes del Nuevo Comienzo hasta que haya un cambio externo en nuestra vida.*

2. *Cuando un Nuevo Comienzo ocurre, las circunstancias externas de nuestra vida comienzan a reflejar la transformación interna que ya ha sucedido.*

3. *A medida que oramos por guía y confiamos en Dios, experimentaremos el Nuevo Comienzo en el momento correcto y de la manera correcta para nosotros.*

4. *Una manera de prepararte para un Nuevo Comienzo es descubrir el deseo más profundo de tu alma. Hay algunas preguntas específicas que puedes hacerte para facilitar el proceso de descubrimiento. (Ver página 83)*

5. *¿Cuán específicos debemos ser al imaginar los resultados deseados? Quizás es mejor imaginar específicamente la calidad del resultado deseado sin ser demasiado específico en la forma que debe tomar.*

6. *Parece que estamos en sociedad con Dios. A veces necesitamos actuar y otras sólo callar y escuchar.*

7. *A veces podemos crear un comienzo externo antes de que estemos listos internamente. Lo que hemos creado es un seudocomienzo, no un comienzo verdadero.*

8. *¿Cómo diferenciar entre un Nuevo Comienzo verdadero y un seudocomienzo? Examina tus deseos por el Nuevo Comienzo. ¿Es una adicción o una preferencia?*

9. *Si eres adicto a un Nuevo Comienzo, trata la adicción misma antes de intentar el Nuevo Comienzo.*

10. *Un Nuevo Comienzo verdadero ocurrirá solamente después que*

hayamos completado el trabajo de las etapas previas; y cuando estemos listos internamente, de algún modo encontraremos la manera de crear el Nuevo Comienzo.

11. *Un Nuevo Comienzo trae su propio conjunto de retos. A menudo estamos en territorio desconocido, podemos tener miedo de no estar preparados para nuestra nueva tarea.*

12. *Un Nuevo Comienzo trae consigo la necesidad de nuevos compromisos. Un compromiso nos desafía a tomar una acción concreta y a menudo sacrificar algo.*

13. *Un verdadero compromiso no es nada fuera de ti, sino en realidad es un compromiso contigo mismo. Es un acuerdo para hacer un sacrificio en algún área de tu vida para enriquecer otras.*

14. *Hacer un compromiso significa arriesgarnos al fracaso o el rechazo. A menos que estemos dispuestos a enfrentar nuestro miedo, nunca haremos un verdadero compromiso.*

15. *Un compromiso verdadero pone en acción fuerzas muy poderosas.*

16. *El comprometernos es aceptar responsabilidad por ser creadores en nuestra vida. Sin compromiso nunca se han logrado grandes cosas.*

17. *No todos los Nuevos Comienzos traen consigo cambios externos dramáticos en nuestra vida. Quizás muy poco ha cambiado externamente, pero internamente, ya no estamos viviendo en el mismo mundo. (Corta leña, carga agua.)*

18. *Volviendo al relato bíblico: los hijos de Israel, bajo la guía de Josué, por fin conquistan la Tierra Prometida. Josué es un símbolo del guerrero —una personificación de las cualidades de fortaleza, disciplina y valor. Todas ellas se necesitan para el Nuevo Comienzo.*

19. *Los nombres Josué y Jesús representan expresiones del "YO SOY": el Espíritu de Dios individualizado en nosotros y como cada uno de nosotros.*

Tercera parte

Capítulo 9

El plan se revela

El sol se puso el martes.
Fue un día completo.
Amaneció con la fresca inocencia
de cada nuevo día.
Desplegó su mañana con promesas,
con plan,
con visión,
con sueños. Una luna llena coronaba su cenit.
Luego, casi imperceptiblemente,
las sombras comenzaban a extenderse.
No desagradable, sino grata,
era la sombra de la tarde.
El plan se había revelado,
la visión se había aclarado,
el sueño se volvió retrospectivo.
El cielo comenzó a difundir la noticia
de que el día se había terminado.
El sol se puso el martes ...
Amanece el miércoles con su propia
        promesa.
Oh, Dios de todos los días
        consumados,
ayúdame a comprender
los principios y los finales
para que pueda dejar ir el pasado
y, al hacerlo,
vaya renovado y libre
al nuevo día
que has planeado para mí.
                                —Dorothy Pierson[1]

En este mundo, todas las cosas cambian. Aunque a veces el cambio pareciera ocurrir al azar y en forma caótica, nada ocurre en nuestra vida sin un propósito —a pesar de que el propósito subyacente rara vez sea evidente al principio. Muy a menudo comenzamos a percibir su propósito detrás de nuestras transiciones en la vida en forma retrospectiva, después del paso del tiempo y cuando nuestro dolor ha sanado.

Imagina una oruga que se arrastra a través del intrincado diseño de una alfombra oriental. Esta oruga no ve sino una serie interminable de colores que cambian de uno a otro. Sin embargo, una mariposa que vuele sobre la alfombra puede ver rápidamente el diseño por el cual viaja la oruga. Con seguridad *hay* un diseño, un plan para cada uno de nosotros; aunque la mayoría de nosotros somos como la oruga en la alfombra y vemos solamente una serie de hechos aparentemente no relacionados que ocurren ante nosotros.

Dentro del núcleo de cada célula de nuestro cuerpo existe una molécula de ADN que dirige el destino de esa célula. De la misma manera, en cada alma, un plan divino guía su evolución. Y en el alma colectiva de la humanidad, un plan divino, dirige el camino hacia nuestra evolución.

Pierre Teillhard de Chardin, un sacerdote Jesuita y paleontólogo distinguido, creía en tal plan. En su libro *The Phenomenon of Man* (El fenómeno del hombre), articula su visión del universo físico como una manifestación dinámica de conciencia siempre en evolución. En este sistema, la humanidad —como especie— es un eslabón esencial en el desarrollo progresivo de la conciencia cuando pasa de ser la sustancia más elemental del universo a la culminación de toda evolución: el punto Omega, unidad consciente con Dios.[2]

Esta evolución de la conciencia es la fuerza que impulsa toda evolución física. Según Teillhard, el propósito del universo físico es servir de vehículo para que la conciencia se desarrolle. Y en este esquema, el humano —como ser consciente de sí mismo— es evolución que se refleja sobre sí misma.

La evolución, según Teillhard, ocurre en etapas. El desarrollo de la conciencia tiene lugar en cada etapa según un patrón de complejidad creciente. Cuando se alcanza cierto umbral de complejidad, tiene lugar una convergencia: un punto crítico en el cual la evolución llegará a un "callejón sin salida" o dará un salto cuántico a un nivel de conciencia completamente nuevo.

Según esta teoría, la sustancia original evolucionó convirtiéndose en átomos, luego en moléculas inorgánicas, después en moléculas orgánicas complejas y entonces tuvo lugar un salto cuántico: ¡Nació la vida! En forma paralela, la vida evolucionó lentamente de un organismo unicelular a la criatura compleja conocida como humana, y luego otro salto cuántico: ¡Nació el pensamiento! El pensamiento evolucionó, de los pensamientos del hombre mono al genio de Shakespeare, Mozart y Einstein.

Hoy en día nuestro mundo está saturado con pensamientos complejos y cantidades masivas de información. En algunas áreas de investigación humana puede que hayamos llegado a los límites de nuestra comprensión. Y algunos creen que estamos en el umbral de un salto cuántico a la próxima etapa de nuestra evolución.

¿Cuál es esta próxima etapa, esta etapa "más allá del pensamiento"? Como el futuro es desconocido, sólo podemos adivinar; y aunque supiéramos, no podríamos describirlo porque el idioma mismo es un producto del pensamiento. Lo mejor que podemos hacer es "señalarlo" con el idioma, pero no podemos explicarlo, y no podemos comprenderlo con el intelecto.

Un proverbio Zen dice: "El dedo que señala hacia la luna no es la luna". La distancia entre nuestra especulación acerca de este próximo nivel de ser y estar en él es aún mayor que la distancia del dedo que señala hacia la luna y la luna misma.

Así que, ¿cómo podemos "señalar" de la mejor forma este próximo nivel? Una manera de hacerlo es observar a ciertos individuos que parece que ya han dado su "salto cuántico" al nivel siguiente del ser.

Una leyenda budista nos habla de Sidarta Gautama (Buda), quien recibió su iluminación después de estar sentado por largo tiempo debajo del árbol Bodhi. Después de su iluminación, él caminaba por un camino cuando se le acercó un hombre y notó su extraordinario semblante.

Lleno de admiración por lo que veía, preguntó a Buda: "Señor, ¿es usted un dios?"

A lo que Buda respondió: "No".

"¿Entonces es usted un hombre?"

"No". Respondió Buda de nuevo.

"Bueno, ¿qué es usted?"

Buda respondió: "Yo estoy despierto".

Quinientos años después de la época de Buda vivió un maestro llamado Jesús de Nazaret (el Cristo) quien también estaba "despierto". Él predicó un mensaje radical: "El reino de los cielos se ha acercado" (Mt. 4:17). Y demostró esta comprensión de su "reino" a través de la extraordinaria vida que vivió. Él utilizó numerosas metáforas y parábolas acerca de la naturaleza de su reino, y sin embargo, no fue capaz de describirlo directamente con palabras.

Quizás podríamos darle el nombre de "despertar" a la etapa siguiente de evolución, o de "entrar al reino de los cielos". Quizás es vano tratar de describir esta etapa siguiente, sin embargo, podemos responder una pregunta muy importante: "¿Cómo llegamos a ella?"

En el modelo de evolución de Teillhard, vemos que cada movimiento ascendente de un nivel al próximo es una transición mayor, un salto cuántico. Y vemos que cada salto cuántico es precedido por una crisis de algún tipo, por una tensión sobre el sistema tal y como existe. Esto también lo cita Bárbara Marx Hubbard en su libro *The Evolutionary Journey* (El viaje evolutivo). Ella reflexiona sobre quince mil millones de años de evolución con este discernimiento:

> Las crisis preceden la transformación.
> Antes de cualquier cambio cuántico, surgen
> "problemas": límites en el crecimiento,
> estancamiento, dificultades que no se pueden
> dominar, catástrofes inminentes, desintegración.
> Desde la perspectiva del presente, las crisis
> parecen errores, errores fatales en el sistema.
> Pero desde la perspectiva posterior a la
> transformación cuántica, estos problemas
> se ven como "conductores evolutivos",
> estimulantes vitales que originan asombrosas
> "innovaciones de diseño".[3]

¿Y qué "innovación de diseño" está por suceder? Hubbard escribe:

> La evolución consciente es el término
> que colocamos en el mapa de la evolución.
> La innovación que se necesita ahora es
> *entender los magníficos procesos que nos*
> *crearon y cooperar con ellos deliberadamente*
> *planeando y diseñando nuestro propio futuro.*
> Esto es esencial para la supervivencia.[4]

De este modo, ¡somos llamados para ser compañeros en el baile cósmico! La evolución ya no puede llevarse a cabo sin nosotros. No somos solamente el producto de la evolución, somos ahora sus arquitectos.

¿Y cómo hacemos para convertirnos en "arquitectos de evolución"? Cada uno de nosotros puede comenzar con nuestra propia vida —nuestro camino personal de evolución. Nuestra vida individual está conectada intrínsecamente con la evolución de toda la vida en este planeta. Richard Wilhelm escribe en *The Secret of the Golden Flower* (El secreto de la flor dorada):

La sique y el cosmos están relacionados
como mundos internos y externos. Por lo tanto,
el hombre participa por naturaleza en todos los
acontecimientos cósmicos, y está interrelacionado
con ellos tanto interna como externamente.[5]

La crisis precede a la transformación del esquema global del macrocosmos, así que la crisis precede a la transformación en la vida del individuo —en el microcosmos. Sin embargo, la crisis en sí no produce transformación automáticamente. El factor crucial se basa en la manera cómo manejamos la crisis —nuestra actitud hacia ella. Marilyn Ferguson escribe en *The Aquarian Conspiracy* (La conspiración de acuario):

A nivel de consciencia ordinaria,
negamos el dolor y la paradoja. Los tratamos
con Valium, los embotamos con alcohol, o los
distraemos con la televisión. ...
Nuestra habilidad de bloquear nuestra
experiencia es un callejón sin salida desde el
punto de vista evolutivo. Mas que experimentar

dolor *transformativo*, conflicto y miedo, a menudo
los distraemos o disminuimos como con una
hipnosis inconsciente. ...
    Conflicto, dolor, tensión, miedo, paradoja
... estas son transformaciones que tratan de
producirse. Una vez que las enfrentamos comienza
el proceso de transformación.[6]

El elemento clave para manejar la crisis de manera efectiva
es estar conscientemente alerta y tener la voluntad de experimentar nuestra incomodidad conscientemente sin rechazo ni
distracción. El estar conscientes es esencial para la transformación. Ferguson continúa diciendo:

    Cualquier cosa que nos atraiga a un
    estado alerta y vigilante tiene el poder de
    transformar ... De hecho, la mente es su
    propio vehículo transformador, preparado
    inherentemente para cambiar a nuevas
    dimensiones si se lo permitimos.[7]

La crisis antecede a la transformación, pero no todas las
crisis conducen a una transformación. Para que transforme,
debe prestarse atención a la crisis de manera vigilante y con
una mente abierta.

Una de las definiciones de la palabra *crisis* es "una encrucijada crucial". La palabra *crisis* se deriva de una palabra griega
que significa "decidir". A veces tomamos nuestras decisiones
automática e inconscientemente, como resultado de "antiguos
programas" que operan en el subconsciente. Esto puede ser
cierto especialmente cuando respondemos a una situación de
crisis. Al actuar inconscientemente no estamos respondiendo
a las circunstancias del momento presente. En realidad esta-

mos respondiendo a circunstancias pasadas. A través de la observación consciente, podemos evitar este "callejón sin salida evolutivo" y tomar decisiones basadas en nuestra sabiduría interna operando en el momento presente —decisiones nuevas y creativas que llevan al crecimiento y la transformación.

Una crisis, por definición, es una encrucijada en nuestra vida, sin embargo, a través de una conciencia alerta, a menudo podemos anticipar estas encrucijadas antes de que se manifiesten como dificultades mayores. Como ha escrito Lao Tsu:

> Debido a que el sabio siempre enfrenta
>   las dificultades,
> nunca las experimenta.

Cada crisis puede ser una encrucijada que lleva a la muerte de una antigua manera de ser y al nacimiento de nueva vida. En verdad, la evolución procede a través de un proceso de muertes y renacimientos, de finales y nuevos comienzos. Como producto del miedo y la ignorancia, a menudo nos resistimos a nuestros finales, nuestras muertes. Nuestro condicionamiento humano puede hacernos creer que "todo está perdido para siempre". Sin embargo, la sabiduría y la fe nos permiten ver más allá de la apariencia de tragedia, a la nueva vida más allá de esta apariencia. Entonces comenzamos a ver cada final, cada muerte, no como una tragedia, sino como un preludio a la transformación.

En su libro *Illusions (Ilusiones)*, Richard Bach escribe:

> La marca
> de tu ignorancia es la profundidad
>   de tu creencia en la injusticia
>   y la tragedia.

Lo que la oruga
llama el fin del mundo,
el maestro lo llama
una mariposa.[9]

Algunos creen que en este momento la humanidad confronta la necesidad de girar alrededor de una fe y sabiduría sin precedentes para transcender nuestra propia humanidad. Quizás ésta es nuestra única esperanza de supervivencia. Sin embargo, el salto a lo desconocido es alarmante: nos domina un miedo existencial. Esta ansiedad colectiva es descrita en forma muy vívida por el escritor griego Nikos Kazantzakis:

> Soplando a través de cielo y tierra, y en nuestros corazones y el corazón de toda criatura viviente, hay un aliento gigante —un gran Grito— al que llamamos Dios. La vida vegetal deseaba continuar su sueño inmóvil cerca de aguas inmóviles, pero el Grito se levantó de un salto desde dentro de ella y sacudió sus raíces violentamente: "¡Fuera, suelta la tierra, camina!" Si el árbol hubiera podido pensar y juzgar, hubiera exclamado: "¡No quiero. Qué me estás urgiendo a que haga! ¡Me estás pidiendo lo imposible!" Pero el Grito, sin piedad, continuó sacudiendo sus raíces y gritando: "Fuera, suelta la tierra, camina!"
>
> Gritó de esta manera por miles de eones; y he aquí que como resultado del deseo y la lucha, la vida se escapó del árbol inmóvil y fue liberada.
>
> Aparecieron los animales —gusanos—alojándose en el agua y el lodo. "Aquí estamos muy bien". dijeron. "¡Tenemos paz y seguridad; de

aquí no nos movemos!"

Pero el terrible Grito se les vino encima sin misericordia. "¡Dejen el lodo, levántense, den a luz a algo superior!"

"¡No queremos!" "¡No podemos!"

"¡Ustedes no pueden, pero yo sí! ¡Levántense!"

Y he aquí que después de miles de eones, emergió el hombre, tambaleante en sus piernas no completamente sólidas todavía.

El ser humano es un centauro; sus cascos están plantados en la tierra, pero el Grito despiadado obra y atormenta su cuerpo desde el pecho a la cabeza. Él ha estado luchando, de nuevo por miles de eones, para salirse, como una espada, de su vaina animal. También lucha —ésta es su nueva lucha— para salirse de su vaina humana. El hombre clama en su desesperación, "¿A dónde puedo ir? He alcanzado la cúspide, más allá del abismo." Y el Grito responde: "Yo estoy más allá. ¡Levántate!"[10]

Somos llamados a ir más allá de nosotros mismos tal cual existimos ahora. Individual y colectivamente, somos empujados a nuestros límites humanos. Aunque parezca aterrador, cada paso a lo largo del camino es guiado por Dios —el "gran Grito" en cada uno de nosotros. El plan divino se está revelando en y a través de cada uno de nosotros.

Una pregunta que oímos a menudo es "¿Cuál es el plan divino para mi vida?" La respuesta rara vez puede ser expresada con palabras, pero puede encontrarse simplemente mirando lo que está frente a nosotros. Paso a paso, día a día, el plan se desarrolla ante nuestros propios ojos. El camino que debemos tomar es el camino en el cual estamos.

Nadie más puede andar este camino por nosotros. Otros pueden, en el mejor de los casos, servir de guías. Stephen Levine escribe: "Buda dejó un mapa de carreteras, Jesús dejó un mapa de carreteras, Krishna dejó un mapa de carreteras, Rand McNally dejó un mapa de carreteras. Pero aun con todo eso, tienes que andar el camino tú mismo."[11]

Tenemos muchos maestros y enseñanzas inspiradoras para guiarnos, pero el mapa no es el viaje, el menú no es la comida, el dedo señalando la luna no es la luna.

El plan se revela por medio de "lo que sea necesario". Ésta es la manera como llegamos a donde estamos ahora, y como llegaremos a donde vamos. Esto nos lo recuerda el siguiente poema de Martha Smock:

Si sólo pudiéramos ver el patrón de nuestros días,
deberíamos discernir cuán tortuosos fueron los caminos
por los cuales llegamos a éste, el momento
     presente,
este lugar en la vida; y deberíamos ver el ascenso
que nuestra alma ha alcanzado a través de los años.
Deberíamos olvidar nuestras heridas, los
     extravíos, los temores,
los páramos de nuestra vida y saber que no podríamos
     venir desde otro camino o alcanzar
nuestro bien sin estos pasos que nuestros pies
encontraron difíciles de tomar, que nuestra fe encontró
     difíciles de cumplir.
El camino de la vida continúa serpenteando, y nosotros
     como viajeros vamos de recodo en recodo hasta que
     llegamos a saber la verdad de que la vida es infinita y
     que nosotros
somos por siempre habitantes de toda la eternidad.[12]

No tuvimos otra forma de llegar a este punto presente en nuestro viaje de la vida, y llegaremos a cada destino por cualquier medio necesario para llegar allí.

Como la oruga sobre la alfombra, generalmente vemos solamente un pedazo pequeño del "cuadro grande". Sin embargo, contrariamente a la oruga, no somos simplemente observadores pasivos en los acontecimientos de nuestra vida. Somos participantes activos en todos los acontecimientos cósmicos y mundanos. Tenemos en nuestra alma el plan divino que busca llevarse a cabo en cada uno de nosotros. Somos evolución que adquiere consciencia de sí misma.

> Tenemos en nuestros cuerpos, corazones, mentes y espíritus la sabiduría de las épocas. Tenemos todas las maravillas de la tecnología moderna en la punta de los dedos. Tenemos el oriente y el occidente, el yin y el yan —vertido, informado y guiado por la intención brillante de la evolución. El momento ha llegado para imaginar y cocrear la aventura de la evolución consciente.
>
> — Barry McWaters[13]

Resumen del capítulo

1. Todo cambia, y algunas veces el cambio parece caótico. A pesar de las apariencias, nada sucede sin propósito.

2. Imagina una oruga en una alfombra oriental. La mayoría de nosotros somos como la oruga en el sentido de que no vemos la "imagen completa".

3. En cada alma, un plan divino guía su destino. En el alma colectiva de la humanidad, se realiza un plan divino.

4. Teillhard vio el universo físico como una manifestación de conciencia en evolución. Vio la humanidad como un eslabón vital del plan.

5. Según Teillhard, la evolución tiene lugar en largos períodos de cambio lento acentuados por saltos cuánticos de un nivel de conciencia a otro. Algunos creen que hoy en día estamos en el umbral de un salto cuántico al próximo nivel de evolución —más allá del pensamiento.

6. ¿Cuál es la próxima etapa? No sabemos, y aunque lo supiéramos, no podría explicarse. Lo más que podemos hacer es "señalarlo" con palabras.

7. Una manera de "señalar" es observar a aquellos que han dado el "salto cuántico". tales como Jesús y Buda. Quizás es vano especular sobre la naturaleza de la próxima etapa, pero podemos preguntar: "¿Cómo llegamos allá?"

8. En el modelo de Teillhard cada salto cuántico es precedido por algún tipo de crisis.

9. Las crisis son conductores evolutivos que estimulan diseños asombrosos de innovación. La innovación que necesitamos ahora es cooperar con los procesos que nos crean y comprenderlos. (Ver las citas de Hubbard, página 97.)

10. *¿Cómo hacer esto? Comenzamos con nuestra propia vida. Estamos intrínsecamente conectados con el cosmos. Nuestras crisis personales son preludios a la evolución.*

11. *La crisis no produce evolución automáticamente; es necesario otro factor: una conciencia alerta. (Ver las citas de Ferguson, páginas 98-99.)*

12. *La palabra crisis proviene de la palabra griega que significa "decidir". A través de la autoobservación consciente, podemos tomar nuevas decisiones que conducen a la transformación.*

13. *Una crisis es siempre una encrucijada, sin embargo, no tiene que ser una catástrofe.*

14. *Cada transformación es una muerte y un renacer a vida nueva. Puede que se necesite fe para poder ver esto.*

15. *La humanidad confronta la necesidad de transcender su propia condición humana. Esto no es fácil, pero necesario.*

16. *"¿Cuál es el plan divino para mi vida?" El que está frente a nosotros. Cada uno de nosotros tiene que caminar su propio camino.*

17. *El plan se revela "a como dé lugar". No hay "otra manera" de que hayamos llegado a donde estamos ahora.*

18. *No somos observadores pasivos en los acontecimientos de nuestras vidas. Somos co-creadores, y el momento de tener la visión y cocrear la aventura de la evolución ha llegado.*

Capítulo 10
¿Mas allá del cambio?

"En el punto inmóvil del mundo que gira.
Ni piel ni ausencia de piel;
ni desde ni hacia; en el punto inmóvil,
*   allí está la danza.*
Pero ni suspensión ni movimiento. Y
*   no lo llames fijación,*
donde el pasado y el futuro se unen.
*   Ni movimiento desde ni hacia,*
ni ascenso ni descenso. Si no fuera por
*   el punto, el punto inmóvil,*
no habría danza, y sólo existe
la danza".

— T.S. Eliot[1]

¿Sposible encontrar algo permanente en un mundo que está cambiando continuamente? El deseo de seguridad y estabilidad es un impulso humano fundamental. Como consecuencia de este deseo de seguridad, podemos tratar de aferrarnos a personas, posesiones, y títulos; pero en lo profundo de nuestro ser, la mayoría de nosotros sabemos que buscar la seguridad en el mundo externo es como construir un castillo de arena antes de que llegue la marea: simplemente estamos ganando tiempo ante lo inevitable.

Todo lo que vemos y tocamos algún día se convertirá en polvo. Y sin embargo, una voz interna nos dice que debe haber algo que es inmutable. ¿Lo hay? Y de ser así, ¿Cómo lo encontramos?

En nuestro estudio del proceso de transición, hemos encontrado varias paradojas, tales como "un final y un principio" o "para encontrarnos a nosotros mismos, tenemos que perdernos". En este capítulo, otra paradoja más: al entregarnos completamente a la realidad siempre cambiante de nuestro mundo, descubrimos una Realidad inmutable por debajo y más allá del mundo de los fenómenos.

Exploremos esta idea. Cuando hablamos de entregarnos completamente al proceso del cambio, nos estamos refiriendo a una actitud de entrega al fluir natural de la vida. A esta actitud de entrega a veces se le dan otros nombres tales como "no resistencia", "aceptación", "desapego", o "ecuanimidad". Esta actitud, comoquiera que se le llame, se refiere a la manera en la cual hacemos frente a las experiencias momento a momento de nuestra vida.

Entregarnos completamente es ser receptivos, de manera profunda, a cada experiencia de nuestra vida. Significa, permitirnos sentir plenamente cada reacción ante los acontecimientos y las circunstancias de nuestra vida. Significa ser uno mismo totalmente, vivir plenamente cada momento. Esto requiere dejar ir nuestros apegos a cómo pensamos que deberíamos ser y aceptarnos incondicionalmente como somos en este preciso instante; y que tengamos la voluntad de observar cada parte de nosotros a medida que se origina momento a momento —sin negar nada, sin condenar nada.

Entregarse, de la manera que utilizamos el término aquí, es una experiencia interna. Estar entregado, utilizando el término de esta manera, no significa ser una "alfombra" para que todos pisen. Podemos decir y hacer lo que sea necesario para protegernos y hacernos valer en el mundo. De la misma manera, aceptar cada parte de nosotros no quiere decir que vamos a expresar todo pensamiento, sentimiento o deseo. Podemos comportarnos de manera correcta y responsable y a la vez estar completamente entregados internamente. Hacemos lo que necesitamos hacer en el mundo, de la manera apropiada para nuestro bienestar y el de los demás, y permitimos completamente que cada experiencia interna ocurra sin interferencia —al simplemente observar cada pensamiento, sentimiento, deseo, recuerdo y sensación física— y luego dejar ir.

Es interesante que cuando estemos completamente entregados de esta manera, comenzaremos a comportarnos, de forma natural y sin esfuerzo, de maneras que son beneficiosas para nosotros y para los demás. Cuando reprimimos y condenamos partes de nosotros mismos, estas partes reprimidas reaccionan inconscientemente de maneras destructivas. Al estar dispuestos a experimentar todos los aspectos del ser, adquirimos más conciencia en todas las áreas de nuestra vida.

Estar entregados significa que no tratamos de controlar ni orquestar el fluir de nuestra vida; dejamos que la vida se desenvuelva. Sí, pedimos lo que queremos; damos nuestra opinión cuando es apropiado; y actuamos cuando necesitamos actuar —pero no estamos apegados a los resultados. Sentimos que ni el contenido externo de nuestra vida, ni el pasado y el futuro nos importan tanto, y nos concierne más la manera en que estamos viviendo nuestra vida a cada momento. Comenzamos a ver que la verdadera calidad de nuestra vida no depende de circunstancias externas.

Vamos a hablar un poco más de lo que esta experiencia de entrega no es. No es "darse por vencido" ni "abandonarse". No es resignación ni desaliento. Entregarse es "ceder" de sí mismo a algo mayor. Como analogía podríamos decir que un piragüero experimentado puede "entregarse" al río; de la misma forma, un marinero experto ha aprendido a "entregarse" al viento. Entregarse no es desconocer la responsabilidad por óomo vivimos nuestra vida. Es vivir responsable y hábilmente al permitir que una realidad mayor dirija el curso de nuestra vida.

Para adentrarnos más en esta idea, veamos el lado opuesto de la entrega: la resistencia. La resistencia ocurre cuando nos negamos a aceptar nuestra experiencia en el momento presente. La resistencia se manifiesta en el cuerpo principalmente como tensión o rigidez. En la mente tiene lugar de varias maneras, tales como juicios, enojo y miedo. También puede aparecer en formas más sutiles tales como racionalización, confusión o rechazo. El meollo de todos los comportamientos compulsivos y adictivos es algún tipo de resistencia.

En un nivel aún más profundo, vemos que el aferrarnos a una identidad o autoimagen ya pasada puede ser una manera de resistirnos al fluir natural de la vida. Nuestra autoimagen es básicamente el producto de nuestro condicionamiento. Desde el momento de nuestro nacimiento (si no antes), estamos sujetos a insinuaciones y expectativas de nuestra familia y nuestra cultura. Ellos nos dicen (a menudo en forma no verbal) quiénes somos, y en ese momento no hay alternativa que no sea creerles. Pero si continuamos aferrándonos a este plan del pasado, podemos estar resistiendo la plenitud de la vida que busca expresarse en este momento.

Una gran parte de nuestra resistencia es inconsciente. El simple hecho de uno tener la voluntad de rendirse casi nunca es suficiente para vencer esta resistencia más profunda. Es necesario estar conscientes de la experiencia de cada momento para que las resistencias sutiles puedan verse conscientemente y liberarse. La práctica continua de la conciencia alerta combinada con una actitud de aceptación sin juicio, a la larga disolverá toda resistencia en la conciencia.

Nuestra respuesta condicionada a prácticamente toda experiencia desagradable es "cerrarnos y alejarnos". Se necesita discernimiento y perseverancia para entrenarnos nuevamente a "ser receptivos y permitir" que toda experiencia ocurra en la forma natural en que busque expresarse.

A medida que nos observamos a nosotros mismos conscientemente —nuestros pensamientos, sentimientos, palabras y comportamientos— comenzamos a ver los lugares muy profundos a los que estamos aferrados, negándonos a soltar, a entregarnos. La observación continua nos muestra que el aferrarnos causa mucho sufrimiento. La resistencia a cualquier experiencia dolorosa a la larga nos causará más sufrimiento que el mismo dolor original. Con este discernimiento, comenzamos a dejar ir, a entregarnos, a niveles más y más profundos.

Stephen Levine, un maestro de meditación, escribe:

> Si tratas de ser alguien haciendo algo, controlando el fluir, cuando lo que es incontrolable se aproxime, tu resistencia aumenta y tu sufrimiento es más intenso. A medida que dejas ir el control, ves que ... "el aceptar es magia".[2]

En verdad descubrimos que "el aceptar es magia". Al entregarnos al flujo de la vida, al plan divino, a la larga encontraremos una nueva experiencia de paz y una nueva fuente de poder. Experimentamos la danza de la vida que se desenvuelve con menos control y apego ... y menos sufrimiento. Gradualmente, comenzamos a ver que no estamos viviendo nuestra vida, sino más bien que nuestra vida está siendo vivida a través de nosotros. Entonces la vida adquiere un fluir, un ritmo, una sincronicidad. Con poco esfuerzo mucho se lleva a cabo. Algunos describirían esto como "vivir en el Tao" porque en el *Tao Te Ching* está escrito:

El Tao del cielo no se esfuerza,
  y sin embargo vence.
No habla, y sin embargo se le responde.
No pide,
  y sin embargo se le provee todo lo que necesita.
Parece estar en reposo,
  y sin embargo sigue un plan.[3]

Inherente en este proceso de aceptación, que crece en profundidad se encuentra una honda confianza en la sabiduría y la bondad innatas del proceso natural de evolución, del plan divino, del Tao. El alcance y la profundidad de esta sabiduría y bondad naturales no pueden ser imaginados por la mente humana; sólo podemos darnos cuenta de ello a través de la experiencia. Como nos dice Stephen Levine: "Cuando dejas ir el control del universo, cuando dejas ir todo, sólo la verdad permanece".[4]

En la India vivió un hombre que personificó la esencia de este principio; su nombre era Mahatma Gandhi. Él liberó a su tierra de dos siglos de gobierno extranjero sin disparar ni un tiro. Quizás aún más grande que su logro político fue el legado espiritual que dejó para toda la humanidad. Demostró el increíble poder que obra a través de aquel que ha entregado profundamente su vida al plan divino.

Gandhi utilizó un principio al cual llamó satyagraha. Esta palabra se deriva de las palabras sánscritas satya que significa "Verdad" (literalmente "aquello que es") y agraha que significa "agarrando firmemente". Gandhi le dio el nombre de "fuerza del alma". La verdad en sí misma es una fuerza muy real y poderosa cuando uno se ase a ella sin compromiso. Sin embargo, este asirse no debe ser una actividad del ser personal. La voluntad personal bloquea el libre fluir de la fuerza del alma; el eliminar la voluntad personal libera esta fuerza.

Uno debe rendirse al poder de la Verdad.

En palabras de Gandhi: "Llega un momento cuando un individuo se libera de toda resistencia y su acción se torna absolutamente penetrante en sus efectos. Esto sucede cuando él se reduce a sí mismo a cero".[5]

Hacer esto requiere que uno tenga una confianza radical en que Dios está obrando en la vida de uno. A medida que abrazamos esta confianza, encontramos que la misma fuerza que estremeció nuestro mundo y lo hizo derrumbarse a nuestro alrededor, fue la misma fuerza que nos trajo a casa, a nuestro verdadero Ser. Esto nos recuerda al hombre que dijo: "Oré a Dios cuando los cimientos de mi vida estaban siendo sacudidos... ¡para descubrir que era Dios quien los estaba sacudiendo!"

Así que comenzamos a confiar en las "sacudidas", y no nos resistimos más a la fuerza que desmorona los cimientos de nuestra vida. Lo que una vez llamamos tragedia, ahora lo vemos como una oportunidad para mayor libertad, sabiduría y poder — no para temérsele, sino en realidad para darle la bienvenida.

Comenzamos a ver todo en nuestra vida y en el universo como parte de una gran danza cósmica: la danza de la vida, evolucionando, revelándose, expresándose a través y alrededor de nosotros. Gradualmente, nuestra percepción cambia; lo que una vez nos pareció tan real y sólido ya no lo parece: el tiempo y el espacio se tornan elásticos; el mundo de las formas se vuelve transparente. Un místico hindú nos diría que hemos encontrado a Shiva Nataraj, el Bailarín Cósmico, el dios de la creación y la destrucción, que sostiene a través de su danza el ritmo infinito del universo.

Y dentro de esta danza está el punto inmóvil "donde el pasado y el futuro se encuentran". En el punto inmóvil, la eternidad existe dentro de cada momento que pasa; el infinito existe dentro de cada átomo danzante; lo inmutable existe en el corazón del cambio mismo. "Si no fuera por el punto, el punto inmóvil, no habría danza, y sólo existe la danza".

Somos tanto el bailarín como la danza, el que busca y lo buscado, el que conoce y lo conocido. Lo que hemos estado buscando es aquello que está buscando. Hemos regresado a casa, a nuestro Ser.

Pero éste no es el final —¡es sólo el comienzo, porque la danza continúa!

Resumen del Capítulo

1. *Podemos preguntar: "¿Hay algo permanente en este mundo cambiante? Y si lo hay, ¿cómo lo encontramos?"*

2. *Encontramos otra paradoja: al rendirnos completamente al proceso del cambio, descubrimos aquello que nunca cambia.*

3. *El término rendirse se refiere a la manera en la cual enfrentamos las experiencias momento a momento en nuestras vidas.*

4. *Rendirse completamente es estar receptivo, de manera profunda, a cada experiencia en nuestra vida —sin negar nada, sin condenar nada.*

5. *El rendirse es una experiencia interna. Podemos habernos rendido por completo internamente y, sin embargo, funcionar en el mundo externo de manera cuerda y responsable.*

6. *Estar rendidos quiere decir que actuamos según sea necesario, pero no estamos apegados a los resultados; no tratamos de controlar el fluir de nuestra vida.*

7. *Rendirse no es "rendirse en desaliento"; es simplemente permitir que una Realidad mayor dirija nuestra vida.*

8. *La resistencia es lo contrario a rendirse; es negarse a aceptar nuestra experiencia presente. Puede aparecer de muchas formas: tensión, juicio, rechazo o el aferrarse a una identidad anticuada. La mayor parte de la resistencia es inconsciente; es necesario practicar la atención a cada momento para disolver toda resistencia en nosotros.*

9. *Nuestra respuesta condicionada a experiencias desagradables es "cerrarnos y apartarnos"; se requiere discernimiento y perseverancia para "abrirnos y permitir" que cada experiencia ocurra de manera natural.*

10. *Reconocer esa resistencia causa más sufrimiento, dejamos ir a niveles de profundidad creciente.*

11. *Vemos que "la aceptación es magia". Experimentamos que nuestra vida es vivida a través de nosotros —con menos apegos y menos sufrimiento. Vivimos "en el fluir de la vida".*

12. *Mahatma Gandhi ejemplificó el poder que puede fluir a través de alguien que se haya rendido profundamente a la Verdad.*

13. *Cuando nos rendimos, vivimos con una profunda confianza en la sabiduría y bondad inherente de la vida. Hasta confiamos en aquellas fuerzas que parecen "sacudir nuestros cimientos".*

14. *Y comenzamos a ver nuestra vida como parte de la gran danza cósmica —la danza de la vida, evolucionando y revelándose en y alrededor de nosotros.*

15. *Dentro de esta danza, podemos encontrar el "punto inmóvil" donde la eternidad existe dentro de cada momento. Lo inmutable existe dentro del corazón del cambio mismo.*

Epílogo

Esta historia acerca del rabino Eisik, hijo del rabino Yekel en Cracovia, proviene de la tradición hasídica.

Eisik era un hombre muy piadoso —y muy pobre. Era tan pobre que vivía en una casa de un solo cuarto con piso de tierra. Una noche él soñó que estaba en la gran ciudad de Praga, a muchas millas de distancia. En el sueño, caminaba a través de las calles de la ciudad admirando los hermosos edificios. A la larga llegó al límite de la ciudad donde vio un puente, y más allá del puente un gran palacio. Cruzó el puente y comenzó a cavar, y descubrió un cofre enterrado. Abrió el cofre, y encontró que estaba lleno de oro, diamantes y tesoros de todo tipo.

Cuando este sueño se repitió por tercera vez, Eisik estaba convencido de que era una señal de Dios. Agarró una pala y comenzó el largo viaje a Praga. Después de caminar muchos días, estaba muy cansado, y le dolían los pies. Por fin llegó a la ciudad. Aunque él no había estado nunca antes en esta ciudad, reconoció muchos de los edificios del sueño. Y por supuesto, descubrió el puente, y al otro lado, el palacio. Cruzó el puente y comenzó a cavar. ¡Pronto la pala golpeó algo! ¡Era el cofre enterrado! Con manos temblorosas y el corazón latiéndole más rápidamente, abrió el cofre —¡y estaba vacío!

Descorazonado como nunca antes, Eisik comenzó a llorar —y luego a sollozar incontrolablemente. De repente, sintió una mano sobre su hombro; era un joven que vestía el uniforme de la guardia del palacio. "¿Qué pasó, viejo? ¿Por qué estás llorando?" Eisik le contó. Al oír el relato el joven se rió con desprecio. "Eres un viejo tonto por poner tanta fe en los sueños —los sueños son tonterías. Yo mismo tengo muchos sueños tontos, y no le hago caso a ninguno de ellos. Por ejemplo, anoche mismo tuve un sueño acerca de un rabino pobre que estaba haciendo un hueco en medio del piso de tierra de su casa, y allí encontró un cofre enterrado —¡lleno de tesoros! Ahora bien, ¿no te enseña esto cuán tontos pueden ser los sueños?"

Inmediatamente Eisik se puso de pie. Con renovada energía, comenzó su largo viaje de vuelta a casa. Y allí descubrió el inapreciable tesoro, enterrado en el lugar donde había vivido con tanta pobreza la mayor parte de su vida.[1]

Apéndice

Comenzando un grupo de apoyo de transiciones en la vida

Objetivos del grupo:
1. Proveer seguridad y apoyo a individuos que pasan por retos de transición:
   a. Brindando un lugar seguro para compartir los sentimientos de cada uno.
   b. Brindando el apoyo de otros individuos que están (o han estado) en el proceso de transición.
2. Proveer enseñanzas y recursos que ayuden el crecimiento espiritual y la transformación en el proceso de transición.

Funcionamiento del grupo:
1. El grupo puede funcionar con un solo líder permanente o rotativo. Si el líder rota, se designa a una persona como "facilitador" para cada reunión.
2. El facilitador es responsable de:
   a. Comenzar y concluir la reunión a tiempo.
   b. Comunicar cualquier norma referente al grupo (ver el # 4 abajo)
   c. Asegurarse de que se observen las normas.
   d. Traer algún material pertinente para leer, escuchar o discutir con el grupo. Este material podría incluir un libro, una revista, un artículo, un casete, cinta o simplemente un tópico para ser discutido.
   e. Realizar tareas como apagar las luces, dejar todo cerrado, recoger las donaciones (si esto es apropiado).

3. La reunión puede comenzar con una oración si esto es apropiado para el grupo. El facilitador da a conocer las normas del grupo y algún punto pertinente de tipo administrativo. Entonces la reunión comienza con cada persona "presentándose".

4. Sugerencias para "presentarse":

    a. Cada persona comparte sus sentimientos, actitudes y/o experiencias pertinentes desde la última reunión. (Nota: este compartir solamente debe ser acerca de los propios sentimientos y experiencias de cada quien; se debe desistir del chisme, la culpa y la crítica hacia los demás).

    b. Todos los miembros del grupo escuchan a la persona que está compartiendo.

    c. Cuando el individuo ha terminado de compartir, otros pueden responder con comentarios de aliento; sin embargo, se debe desistir de dar consejo, tratar de rescatar, y de "arreglar".

    d. La actitud hacia cada miembro del grupo siempre debe ser de respeto y ayuda, sin embargo debe permitirle a la persona ser responsable de sus propios sentimientos.

    e. Cualquiera que no desee compartir simplemente puede decir "paso".

5. Después de "presentarse", el facilitador presenta el material a discutir.

6. Antes de que termine la reunión, se debe tratar cualquier detalle administrativo acerca de la próxima reunión y se debe designar el próximo facilitador (si es necesario).

7. Se puede finalizar con una oración o abrazos si es apropiado.

Notas

Prólogo
1. Walt Whitman, "Song of the Open Road",(Canción del camino abierto) Secciones 9, 11, 13, *Leaves of Grass*, (Hojas de hierba), The New American Library, New York y Toronto, 1958, págs. 140-142.

Capítulo 1, "La paradoja del cambio"
1. Princeton Language Institute Staff, *Twenty-First Century Dictionary of Quotations*, (Diccionario de citas del siglo veintiuno), Dell Publishing Co., Inc., 1993.

2. Otro ejemplo: En el mundo de la ciencia, por largo tiempo se supuso que el mundo físico era una realidad objetiva que existía independientemente de nuestras observaciones. Esto parece "tener sentido" porque ése es el paradigma que gobierna la manera en que vemos las cosas. Sin embargo, Fred Allen Wolf explica que en el campo de la física cuántica, ha tenido lugar un cambio en el paradigma. Ésta es la aceptación de que todo lo que se observa es afectado por el observador. No hay una "realidad fija" independiente del observador; podemos cambiar todo lo que vemos simplemente por el hecho de observarlo. Algunos van más allá y dicen que ¡el observador "crea" lo que se ve por la acción misma de buscarlo! Ver Wolf, *Taking the Quantum Leap*, (Dando el salto cuántico), Harper & Row, New York, 1981, pág. 127.
3. Viktor E. Frankl, *Man's Search for Meaning*, (La búsqueda del hombre por significado) Washington Square Press, Inc. New York, 1969, pág. 154.
4. Ibid., pág. 164.

Capítulo 2, "El proceso de transición"
1. La salud holística se ha convertido en un campo grande, difícil de definir. Esencialmente se basa en la idea de que el cuerpo, la mente y el alma están unidas intrínsecamente y que se necesita el balance para gozar de salud. Sus verdaderos orígenes se remontan a los comienzos de las religiones de la humanidad. Pioneros médicos de hoy en día como Kenneth R. Pelletier, O. Carl Simonton, y C. Norman Shealy se encuentran entre los primeros en abrazarla. La

sicología humanística, como su hermana menor, la sicología trans-personal, a menudo son atribuidas al trabajo de Abraham Maslow, quien fue pionero en la idea radical de estudiar a la gente sana para ver qué los hacía estar sanos, en vez de estudiar a las personas enfermas para ver qué las hacía estar enfermas. Las obras de Carl Jung, Carl R. Rogers, Rollo May, así como las de Ken Wilber, Frances Vaughan, Roger Walsh, Stanislav Grof y otros están haciendo de ésta una poderosa alternativa a la sicología tradicional (freudiana y del comportamiento). La espiritualidad de la creación es obra del ex sacerdote dominico Matthew Fox, y se basa en la idea de que la creación es inherentemente íntegra y buena, en vez de separada y maligna.

Capítulo 3, "Ritos de iniciación"
1. Jean Houston, *The Search for the Beloved* (La Búsqueda del amado), Jeremy P. Tarcher, Inc., Los Angeles, 1987, pág. 106.
2. Khalil Gibrán, *The Prophet* (El Profeta), Alfred A. Knopf, New York, 1992, pág. 52.
3. William Bridges identifica éstas como: finales, la zona neutra y el nuevo comienzo. Ver Bridges, *Transitions*, (Transiciones) Addison-Wesley Publishing Company, Reading, Mass., 1990, pág. 88.
4. Joseph Campbell, *The Hero With a Thousand Faces* (El héroe de las mil caras) Princeton University Press, 1968, pág. 30.

Capítulo 4, "Finales"
1. T.S.Eliot, "Four Quartets" (Cuatro cuartetos) *The Complete Poems and Plays* (Poemas y obras completas) Harcourt, Brace and Company, New York, 1952, pág. 144.
2. Bridges, pág. 92.
3. Alla Bozarth-Campbell, *Life is Goodbye/Life is Hello*, (La vida es adiós/La vida es hola) CompCare Publishers, Minneapolis, 1983, pág. 25.
4. Stephen Levine, *A Gradual Awakening* (Un despertar gradual), Anchor Books, New York, 1989, pág. 39.
5. Bozarth-Campbell, pág. 25.
6. Algunos otros hechizos de nuestra cultura:
— Si trabajo duro, tendré éxito.
— Si tengo éxito, le gustaré a todo el mundo.
— Si le gusto a todo el mundo, seré feliz.

— Si complazco a los demás, obtendré lo que necesito.

— Si encuentro el esposo, esposa, trabajo, escuela, casa, etc. apropiado, seré feliz.

7. William James, *The Varieties of Religious Experiences* (La variedad de experiencias religiosas), Macmillan Publishing Company, New York, 1961, pág. 133.
8. Bridges, pág. 102.
9. Murray Stein, *In Midlife* (En la mitad de la vida), Spring Publishing, Inc., Dallas, 1988, pág. 22.

Capítulo 5, "Salida de Egipto"

1. Para una descripción definitiva del inconsciente colectivo, ver C. G. Jung, "Instinct and the Unconscious", (El instinto y el inconsciente) y *The Portable Jung* (El Jung portátil), The Viking Press, New York, 1975, págs. 50-59.
2. Una de las características de la sabiduría del símbolo arquetípico es que su significado tiene un final abierto: no hay un significado fijo o final para un símbolo o historia dada. Cada símbolo es orgánico, dinámico, vivo; su significado para nosotros se expande y profundiza a medida que nuestra conciencia crece.
3. Gosén fue una tierra en el norte de Egipto, cerca del delta del Nilo.
4. Bernard W. Anderson, *Understanding the Old Testament* (Comprendiendo el antiguo testamento), Prentice-Hall, Inc., Englewoods Cliffs, N.J., 1975, pág. 42.
5. Ibid., pág. 40.
6. June Singer, "The Motif of the Divine Child" (El motivo del niño divino), en Jeremiah Abrams (ed.), *Reclaiming the Inner Child* (Recuperando al niño interno), Jeremy P. Tarcher, Inc., Los Angeles, 1990, pág. 49.
7. Gibrán, pág. 54.

Capítulo 6, "El vacío"

1. Eliot, pág. 127.
2. Gibrán, pág. 52.
3. Susan Griffin, *Woman and Nature: The Roaring Inside Her,* (La mujer y la naturaleza: El rugido en ella), Harper Colophon Books, New York, 1980, pág. 168.
4. Wu Ming Fu, "Patterns in Jade" (Patrones en jade), en Dorothy

Berkley Phillips (ed.), *The Choice Is Always Ours* (La elección es siempre nuestra), Harper San Francisco, 1989, pág. 42.

5. Lao Tsu, *Tao Te Ching*, Traducción por Gia-fu Feng y Jane English, Vintage Books, New York, 1989, verso 48.
6. Matthew Fox (ed.), *Meditations With Meister Eckhart* (Meditaciones con el Maestro Eckhart), Bear & Co., Santa Fe, New Mexico, 1983, pág. 45.
7. Kieran Kavanaugh, *John of the Cross: Selected Writings* (Juan de la Cruz: Escritos selectos) Paulist Press, New York, 1987, pág. 78.
8. Lao Tsu, verso 33.

Capítulo 8, "Nuevos comienzos: ¿La Tierra Prometida?"
1. Henry D. Thoreau, *Walden*, Dodd, Mead & Company, New York, 1946, pág. 284.
2. Ken Keyers, Jr., *How to Enjoy Your Life in Spite of It All* (Como disfrutar tu vida a pesar de todo), Living Love Publications, St. Mary, Ky., 1980, págs. 4-6.
3. Eliot, pág. 145.
4. *Metaphysical Bible Dictionary* (Diccionario metafísico de la Biblia), Unity School of Christianity, Unity Village, MO., 1931, pág. 368.

Capítulo 9, "El plan se revela"
1. Dorothy Pierson, "The Sun Went Down on Tuesday" (El sol se puso el martes), *La Palabra Diaria*, marzo 1981, págs. 4-5.
2. Pierre Theillhard de Chardin, *The Phenomenon of Man* (El fenómeno humano), Harper-Collins, New York, 1975.
3. Barbara Marx Hubbard, *The Evolutionary Journey* (El viaje evolutivo), Evolutionary Press, San Francisco, 1982, pág. 27.
4. Ibid., pág. 55.
5. Richard Wilhelm, *The Secret of the Golden Flower* (El secreto de la flor dorada), Routledge & Kegan Paul Ltd., London, 1950, pág. 11.
6. Marilyn Ferguson, *The Aquarian Conspiracy* (La conspiración de acuario), J. P. Tarcher, Inc., Los Angeles, 1980, págs. 74-76.
7. Ibid., pág. 55.
8. Lao Tsu, verso 63.
9. Richard Bach, *Illusions* (Ilusiones), Delacorte Press, 1977, pág. 134.
10. Nikos Kazantzakis, "Report to Greco" (Reporte a Greco) en Dorothy

Berkley Phillips (ed), *Choice Is Always Ours* (La elección siempre es nuestra) pág. 32.

11. Stephen Levine, *Who Dies?* (¿Quién muere?), Anchor Books, Garden City, New York, 1982, pág. 18.
12. Martha Smock, "Progress" (Progreso), *La Palabra Diaria*, diciembre 1947, pág. 6.
13. Barry McWaters, *Conscious Evolution*, (Evolución consciente), New Age Press, Black Mtn., N.C., 1981, pág. 177.

Capítulo 10, "¿Más allá del cambio?"
1. Eliot, pág. 119.
2. Levine, págs. 189-190.
3. Lao Tsu, verso 73.
4. Levine, pág. 194.
5. Eknath Easwaran, *Gandhi the Man* (Gandhi el hombre), Nilgiri Press, Tomales, Ca. 1978, pág.152.

Epílogo
1. Esta narración ha aparecido en muchos lugares y en muchas formas; algunos textos le acreditan a Martin Buber la primera publicación de ella. Ver Buber, *Tales of the Hasidim:The Later Masters,* (Cuentos del hasidí: los ultimos maestros), Schocken Books, New York, 1948, págs. 245-246.

Acerca del Autor

Robert Brumet es profesor de estudios pastorales en Unity Institute en Unity Village, Missouri.

Brumet dicta cursos de asesoramiento espiritual, meditación y religiones mundiales. También dirige seminarios y programas en una extensa variedad de tópicos relacionados con el crecimiento espiritual. Él ha presentado sus programas en iglesias y centros de retiro en toda Norteamérica. Sus charlas, seminarios, emisiones radiales y artículos publicados en revistas han impactado las vidas de miles de personas. Su audiocasete *Transiciones de la vida: creciendo a través del cambio* y una serie de artículos publicados en *Unity Magazine* (Revista Unity) han sido los precursores para la publicación de este libro.

Robert Brumet fue ordenado como ministro de Unity en 1980 y ha servido en iglesias de Unity en Evansville, Indiana y Overland Park, Kansas. Antes de entrar al ministerio fue director de análisis de sistemas en una compañía industrial en Michigan y fue profesor adjunto en dos universidades al oeste de Michigan. Nacido en Toledo, Ohio, recibió su licenciatura en Ciencias y su título de posgrado en Ingeniería de Sistemas de la Universidad de Toledo.

En su tiempo libre, Robert practica el tenis, el remo, el bridge, la meditación y también escribe. Tiene cuatro hijos adultos y para la fecha de publicación de este libro tendrá seis nietos. Reside en Raytown, Missouri.